Mohamedade Farouk Nanne

Modélisation du comportement d'un agent pédagogique

AF202740

Mohamedade Farouk Nanne

Modélisation du comportement d'un agent pédagogique

Modélisation du comportement verbal et non verbal d'un agent pédagogique : une étude exploratoire

Presses Académiques Francophones

Impressum / Mentions légales

Bibliografische Information der Deutschen Nationalbibliothek: Die Deutsche Nationalbibliothek verzeichnet diese Publikation in der Deutschen Nationalbibliografie; detaillierte bibliografische Daten sind im Internet über http://dnb.d-nb.de abrufbar. Alle in diesem Buch genannten Marken und Produktnamen unterliegen warenzeichen-, marken- oder patentrechtlichem Schutz bzw. sind Warenzeichen oder eingetragene Warenzeichen der jeweiligen Inhaber. Die Wiedergabe von Marken, Produktnamen, Gebrauchsnamen, Handelsnamen, Warenbezeichnungen u.s.w. in diesem Werk berechtigt auch ohne besondere Kennzeichnung nicht zu der Annahme, dass solche Namen im Sinne der Warenzeichen- und Markenschutzgesetzgebung als frei zu betrachten wären und daher von jedermann benutzt werden dürften.

Information bibliographique publiée par la Deutsche Nationalbibliothek: La Deutsche Nationalbibliothek inscrit cette publication à la Deutsche Nationalbibliografie; des données bibliographiques détaillées sont disponibles sur internet à l'adresse http://dnb.d-nb.de.
Toutes marques et noms de produits mentionnés dans ce livre demeurent sous la protection des marques, des marques déposées et des brevets, et sont des marques ou des marques déposées de leurs détenteurs respectifs. L'utilisation des marques, noms de produits, noms communs, noms commerciaux, descriptions de produits, etc, même sans qu'ils soient mentionnés de façon particulière dans ce livre ne signifie en aucune façon que ces noms peuvent être utilisés sans restriction à l'égard de la législation pour la protection des marques et des marques déposées et pourraient donc être utilisés par quiconque.

Coverbild / Photo de couverture: www.ingimage.com

Verlag / Editeur:
Presses Académiques Francophones
ist ein Imprint der / est une marque déposée de
OmniScriptum GmbH & Co. KG
Heinrich-Böcking-Str. 6-8, 66121 Saarbrücken, Deutschland / Allemagne
Email: info@presses-academiques.com

Herstellung: siehe letzte Seite /
Impression: voir la dernière page
ISBN: 978-3-8416-2527-4

Titre : Modélisation du comportement verbal et non verbal d'un agent pédagogique : une étude exploratoire

Resume

L'objectif de notre travail de thèse est de modéliser le comportement verbal et non verbal d'un Agent Pédagogique (AP) pouvant être intégré à terme dans un Environnement Informatique d'Apprentissage Humain (EIAH). Nous avons été amenés à nous poser les questions de recherche suivantes : quelle est la composante non verbale dans une communication pédagogique ? Comment étudier cette composante pour obtenir un modèle computationnel du comportement plausible d'un agent virtuel ? Quelles corrélations entre les actes pédagogiques et la direction du regard d'un agent humain ?

Pour mener à bien un travail exploratoire, nous avons adopté une approche méthodologique fondée sur l'étude de corpus vidéo multimodaux. Au sein d'une équipe pluridisciplinaire, comprenant des informaticiens et des didacticiens des mathématiques, nous avons mis au point une situation pédagogique dans laquelle un agent pédagogique virtuel serait susceptible d'intervenir. Nous avons ainsi filmé des interactions dyadiques entre enseignants et apprenants de fin de troisième début seconde (15-16 ans) lors d'un entretien de bilan de compétences en mathématiques suite à la résolution d'exercices par les élèves avec le logiciel Pépite. Nous avons proposé un schéma d'annotation multi-niveaux pour annoter les comportements observés. La pluridisciplinarité du sujet de recherche (Informatique, EIAH, IHM, Sciences de l'éducation, didactique, linguistiques etc.) fait de la mise au point de ce schéma de codage un travail délicat mais important vu la richesse de connaissances provenant de différentes disciplines. Après un travail d'annotation d'une partie du corpus recueilli, des mesures statistiques calculées à partir des annotations effectuées suggèrent différentes stratégies des enseignants en termes de direction du regard en fonction du profil de l'apprenant et des actes pédagogiques. Ces mesures nous ont permis d'extraire des règles permettant de piloter la composante direction du regard d'un AP. Un prototype mettant à l'épreuve ce modèle a été développé.

Mots clés : agents pédagogiques (AP), annotation de corpus vidéo, IHM, EIAH, comportement plausible d'un AP.

4

Sommaire

7

8

CHAPITRE I : INTRODUCTION GENERALE

Cette thèse de doctorat s'inscrit dans le cadre des travaux menés au Laboratoire d'INformatique et de Communication (LINC) de l'Université Paris 8 (équipe localisée à l'IUT de Montreuil), notamment au sein d'un projet intitulé MICAME. Ce projet dont le nom est l'acronyme de Modélisation Informatique de la Coopération, de l'Adaptativité et de la Multimodalité dans l'Enseignement a pour objectif de mieux comprendre la nature et les mécanismes qui sous-tendent les interactions multimodales et coopératives afin d'envisager la spécification d'Interfaces Homme-Machine multimodales [Réty et al., 2003].

Le thème général de cette thèse concerne l'intégration d'un agent pédagogique dans un Environnement Informatique d'Apprentissage Humain (EIAH). Ce thème, très vaste, peut en lui-même donner lieu à de nombreuses directions de recherche en Informatique mais aussi en Sciences de l'Education, en Pégagogie, en Didactique, en Sciences Cognitives ou bien en Psychologie. Définir dans ce contexte un sujet de thèse nécessite de restreindre et de spécialiser ce vaste champ de recherches. Nous avons décidé de focaliser notre travail sur la modélisation du comportement d'un agent pédagogique.

Le développement d'un agent pédagogique en général, ainsi que l'étude de son comportement non verbal ne peut se faire qu'en fonction d'un contexte didactique, pédagogique et informatique bien délimité. En d'autres termes, il apparaît peu réaliste de vouloir développer un agent « universel » qui pourrait par exemple aussi bien intervenir dans un contexte d'apprentissage d'une langue, ou bien des mathématiques, ou bien de technologies. Nous avons ainsi décidé de nouer une collaboration avec l'équipe du projet Pépite [Delozanne et al., 2003]. Dès lors, l'objet de notre travail concerne l'étude du comportement non verbal d'un agent pédagogique destiné à être intégré au logiciel Pépite que nous présentons au chapitre 2.

Nous bénéficions à l'Université Paris 8 de l'environnement d'agent conversationnel GRETA développé par l'équipe de Catherine Pelachaud. GRETA nous permettra de réaliser un prototype et ainsi mettre en œuvre le résultat de notre travail.

Ce travail exploratoire doit apporter des éléments de réponse à un certain nombre de questions. En particulier : dans quelles situations un agent pédagogique peut-il améliorer la communication entre un élève et un EIAH ? Comment modéliser ces situations et ces interactions pour spécifier le comportement d'un agent ?

Pour répondre à ces questions, nous avons suivi une démarche empirique fondée sur l'analyse de corpus vidéo établis à partir de situations de communication entre humains. L'objectif de cette analyse est de mettre en evidence des règles de comportement permettant de modéliser le comportement de l'agent pédagogique.

Dans le domaine des agents pédagogiques, le comportement multimodal de l'agent est souvent limité en expressivité et n'est pas fondé sur une analyse fine de comportements multimodaux d'enseignants, mais plutôt sur des règles générales issues par exemple de la littérature en sociolinguistique. Bien que l'utilisation de vidéos éducatives se développe dans le domaine des EIAH, elles sont rarement utilisées comme des ressources permettant d'annoter et de mieux comprendre la multimodalité de la communication dans ce contexte pédagogique. Nous avons décidé de suivre une méthodologie qui tient compte de la littérature en sociolinguistique mais surtout de données provenant de situations réelles. Cette méthodologie par annotation de corpus vidéos et analyse statistique de ces annotations a été développée dans le domaine des Interfaces Homme-Machine [Martin, 2006].

Un des principaux objectifs de notre travail consiste donc à explorer l'application de cette méthodologie au domaine des EIAH et plus précisément des agents pédagogiques. Nous avons été amenés pour cela à constituer un corpus vidéo en fonction d'objectifs d'analyse par annotation, à définir un schéma d'annotation ainsi qu'un protocole d'annotation, à analyser ces annotations pour finalement proposer un ensemble de règles permettant de piloter certains éléments du comportement non verbal de l'agent. Les résultats présentés dans le cadre de cette thèse se limitent à la direction du regard de l'agent. Cependant, ce travail méthodologique, mais aussi le corpus constitué, permettront ultérieurement d'étudier d'autres éléments de communication non verbale, comme par exemple les gestes ou bien les expressions faciales.

Notre travail de thèse a débuté par une étude des agents pédagogiques existants. Cette étude a abouti sur la proposition d'une catégorisation des agents pédagogiques en fonction d'un ensemble de critères que nous avons définis. Le chapitre 2 présente les réultats de ce travail, le projet PEPITE ainsi que l'environnement GRETA que nous avons mentionné précédement.

Le chapitre 3 précise et expose en détail la problèmatique de notre thèse, les questions de recherche et la méthodologie que nous suivons pour répondre à ces questions. Les différentes étapes de l'application de cette méthodologie sont détaillées dans le chapitre 4.

Le chapitre 5 présente les résultats de l'application de la méthodologie et la mise en œuvre informatique. Les règles extraites des calculs effectués sur les données annotées permettent de spécifier le comportement de l'agent pédagogique. L'analyse du comportement non verbal n'a porté pour l'instant que sur une seule composante. Le modèle developpé donc est limité à cette composante mais le cadre méthodologique suivi pose les bases pour l'analyse future des autres composantes.

L'analyse de ces règles a donné une relation entre le comportement verbal de l'enseignant et la composante étudiée du comportement non verbal. Nous émettons des hypothèses et apportons des justifications à cette relation dans ce même chapitre. Un test de transposition du comportement extrait de cette étude vers l'agent conversationnel GRETA fait l'objet de la dernière section de ce chapitre.

Nous terminons ce mémoire par une synthèse des travaux effectués. Nous réperons l'étape à laquelle nous en sommes arrivés et nous proposons des perspectives de travail.

CHAPITRE II : LE CONTEXTE SCIENTIFIQUE

1. LES AGENTS PEDAGOGIQUES

INTRODUCTION

Les agents pédagogiques sont des agents autonomes qui facilitent l'apprentissage humain en interagissant avec l'apprenant dans un environnement d'apprentissage (voir en annexe une liste d'agents pédagogiques existants). Ils peuvent être classés en plusieurs catégories suivant l'objectif de l'étude à réaliser et les informations à collecter.

Nous avons étudié un ensemble d'agents pédagogiques référencés dans la littérature scientifique. A partir de cette étude nous les avons classés suivant plusieurs critères. Les catégories obtenues ne sont pas exclusives, au contraire elles sont le plus souvent complémentaires, c'est-à-dire qu'un agent peut appartenir à plusieurs catégories.

Avant d'exposer ces critères, il est nécessaire de préciser la signification du terme agent tel qu'employé dans la littérature. Dans un système pédagogique, un moteur cognitif ou un moteur chargé de la communication peut parfois être qualifié d'agent. Un tel agent n'est pas forcément personnifié dans l'interface (par exemple l'agent HAL[Lourdeaux, 2001] du système SOFI). Au contraire, dans les systèmes intégrant des *Embodied Conversational Agents*, un agent est personnifié. Cette seconde acception du terme agent est celle qui nous intéresse ici.

Les agents personnifiés offrent des possibilités supplémentaires pour enrichir la communication. Ils permettent d'intégrer des informations liées aux mouvements corporels qu'un intervenant humain effectuerait dans un cadre d'enseignement classique devant les apprenants. Les gestes, par exemple, facilitent et accélèrent la compréhension d'un discours verbal. De même, les émotions qui reflètent l'état des acteurs qui interviennent dans le processus d'apprentissage à un instant donné influencent elles aussi le déroulement de ce processus [Jaques, 2004].

CRITERES DE CATEGORISATION D'AGENTS PEDAGOGIQUES

Nous présentons ci-dessous un résumé des principaux critères de catégorisation des agents pédagogiques que nous avons extraits de notre étude. Ces critères sont : le personnage de l'agent, le type d'environnement dans lequel l'agent est intégré, le rôle pédagogique que l'agent joue dans cet environnement, les composantes non verbales dont l'agent dispose (regard, geste, expressions faciales, les émotions), la multiplicité d'agents dans une application, la gestion de l'apprentissage collaboratif, les domaines d'application et les modalités que l'agent prend en compte en entrée.

PERSONNAGE

Les agents peuvent avoir plusieurs formes. Ils peuvent être présentés sous forme d'une personne (Figure 1), d'un animal (Figure 2), d'un robot (Figure 4), d'un objet (Figure 3), etc. Le plus souvent, l'agent est présenté sous forme d'une personne, soit complète, soit partielle (tête ou buste par exemple).

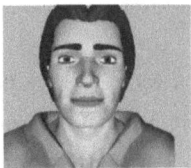

**Figure 1 : Exemple de personnage représentant le buste d'un humain.
(L'agent Autotutor [Graesser et al., 2003])**

**Figure 2 : Exemple de personnage représentant un animal (agent
Microsoft)**

Figure 3 : Exemple de personnages représentant un objet (ici : figure géométrique [Baylor, 2005])

Figure 4 : Exemple de personnages représentant un robot (l'agent Cosmo [Lester et al., 1999])

Le choix du personnage tient compte des caractéristiques du public des apprenants concernés. Le groupe de recherche PALS[1] du centre RITL[2] de l'Université de Floride a conduit des expérimentations visant à étudier l'influence de la nature du personnage sur le processus d'apprentissage en prenant en considération plusieurs critères, dont : le genre (masculin ou féminin), l'ethnie, le réalisme (dessin animé ou agent réel) de l'agent, les stéréotypes des agents (en se fondant sur leurs images), les attentes des apprenants et leur perception [Baylor, 2005]. Un résultat de ces études est que la majorité de la population étudiée préfère un personnage ayant une appartenance ethnique proche de la sienne.

[Wonisch et al., 2002] proposent une autre classification des personnages. Ils définissent deux critères pour cette classification : contextuel ou non contextuel, et métaphorique ou non métaphorique. Un agent contextuel est un personnage dont l'apparence est influencée par le domaine qu'il enseigne. Par exemple, l'agent Adele [Shaw et al., 1999] porte une blouse blanche dans le cadre d'un système destiné à l'enseignement du diagnostic médical. Par contre l'agent Steve qui enseigne la maintenance d'équipements navals [Rickel et al., 1997] n'est pas contextuel parce que son apparence n'a aucun lien avec le domaine pour lequel il est utilisé. Un agent métaphorique représente un objet qui relève du domaine enseigné. Par exemple le système Design a Plant [Lester et al., 1997] intègre un agent présenté sous forme d'une plante (l'agent Herman the Bug) pour établir la connexion naturelle entre plante et insecte. Par contre l'agent Cosmo [Lester et

---

[1] Pedagogical Agents and Learning Systems

[2] Research of Innovative Technologies for Learning (http://ritl.fsu.edu/about_pals.html)

al., 1999] est représenté par un robot alors qu'il est destiné à enseigner un cours de réseau Internet (donc il n'appartient pas à cette catégorie). [Wonisch et al., 2002] qualifient d'agents abstraits les agents qui ne sont ni contextuels ni métaphoriques. Selon cette caractérisation, la plupart des agents pédagogiques existants sont des agents abstraits.

La plupart d'agents pédagogique est personnifié. A titre d'exemple nous citons les agents pédagogiques Adele [Shaw et al., 1999], STEVE [Rickel et al., 1997], Genie[3] (demi-personne), les agents pédagogiques PPP Persona [André et al., 1996], WhizLow [Johnson et al., 2000] (personne complète), les agents pédagogiques Herman the Bug [Lester et al., 1997] (animal) et l'agent pédagogique Cosmo [Lester et al., 1999](robot).

TYPE D'ENVIRONNEMENT
Les agents pédagogiques peuvent être classés selon les environnements pour lesquels ils sont destinés. Deux types principaux d'environnements :

Environnements virtuels de formation
Les environnements virtuels de formation sont des EIAH construits autour de la réalité virtuelle. Ils immergent l'apprenant dans un environnement virtuel où sont reproduites des situations d'apprentissage.

Ce type d'environnement est particulièrement important dans le cas de formation sur des équipements, particulièrement lorsque les sites de formation sont difficilement accessibles ou disponibles. Ces formations ne peuvent pas toujours être réalisées sur le terrain. La réalité virtuelle permet d'acquérir une représentation mentale de l'espace et de se familiariser avec le terrain lorsque celui-ci n'est pas accessible [Psotka, 1995] ou qu'il est disponible mais entraîne des risques ou des coûts importants.

Parmi les environnements virtuels de formation, citons par exemple les agents Jacob [Evers et al., 2000] et Steve [Rickel et al., 1997]. On pourrait imaginer que les agents pédagogiques intervenant dans ces environnements sont forcément personnifiés. Ce n'est pourtant pas toujours le cas. A titre d'exemple, l'agent HAL [Lourdeaux, 2001] s'inscrit dans cette catégorie alors qu'il n'est pas personnifié.

---

[3] Agent Microsoft

18

Systèmes Tutoriels intelligents

Les systèmes tutoriels intelligents sont des systèmes fondés sur des techniques d'Intelligence Artificielle. Leur objectif est de simuler l'interactivité entre apprenant et formateur [Jaques, 2004]. Ils comprennent une modélisation de l'apprenant qui est mise à jour au fur et à mesure de cette interaction. Plusieurs agents pédagogiques s'inscrivent dans cette catégorie. A titre d'exemple nous citons Adele[Shaw et al., 1999] et ProSILA[Barker, 2003a][Barker, 2003b]

ROLE PEDAGOGIQUE

Les rôles des agents pédagogiques varient d'un système à un autre et même au sein d'un même système. Cette variation s'appuie essentiellement sur l'objectif pour lequel le système est conçu et sur les circonstances dans lesquelles l'agent intervient.

Plusieurs travaux de recherche traitent différemment les rôles pédagogiques qu'un agent pédagogique peut jouer dans un environnement d'apprentissage. [Ryu et al., 2005] et [Baylor et Ebbers, 2003] proposent trois grandes catégories de rôles : expert, motivateur et mentor. [Smith et al., 1999] cite trois autres catégories : facilitateur, tuteur et conseiller. [Chou et al., 2003] classent les rôles en deux grandes catégories : les « Authoritative Teacher » (compagnon, co-apprenant et élève pour l'apprenant) et les « Tutor Coach Guide » (concurrent, collaborateur, clone, critique, perturbateur).

REGARD

La direction du regard et le contact mutuel du regard sont très importants dans les interactions humain-humain. Le regard aide non seulement à gérer des tâches pratiques telles que l'échange des tours de parole dans la conversation, mais aussi il véhicule un large spectre d'informations sur le locuteur, telle que la sociabilité, la personnalité, la culture de celui-ci. Dans la culture occidentale, les personnes qui établissent souvent le contact visuel sont perçues comme plus attentives, amicales, coopératives, confiantes, matures et sincères ; tandis que celles qui évitent le regard des autres sont perçues comme étant des personnes froides, pessimistes, défensives, évasives, indifférentes et soumises.

Plusieurs expériences ont aussi mis en évidence le rôle persuasif que le regard peut jouer : [Cassell et Thorisson, 1999] ont mené un certain nombre d'études

19

sur l'interaction homme-agent. Ils ont montré que le regard, est très important pour rendre le discours plausible. Il a aussi été montré que les individus qui collaborent se regardent mutuellement plus que ceux qui sont en compétition les uns avec les autres [Argyle, 1988]. Les personnes utilisant le contact visuel reçoivent plus d'offres de travail après une interview, plus d'aide quand elles la demandent, et les professeurs qui regardent le plus les étudiants les rendent plus productifs [Pelachaud et al., 2004].

EXPRESSIONS FACIALES

Les expressions faciales ne se situent pas seulement au niveau de la géométrie du visage, mais aussi au niveau de la texture du visage, et en particulier de la couleur (par exemple, rougissement) et de la brillance (larmes, sueur etc.). Le premier modèle de vaisseaux sanguins (dont dépend la couleur du visage) a été mis au point par [Kalra et Magnenat-Thalmann, 1994]. Dans ce modèle, les auteurs définissent l'émotion comme une fonction de deux paramètres : un paramètre pour contrôler le modèle musculaire, et un paramètre pour indiquer les variations de texture du visage.

GESTES

Les agents pédagogiques peuvent utiliser la communication non-verbale pour inciter, blâmer, faire preuve d'empathie, féliciter (expressions faciales, gestes de la main), encourager à se poser des questions (gesticuler, se gratter la tête), etc. Ils peuvent aussi montrer comment exécuter une action physique dans un environnement 3D simulé (gestes de la main, postures).

[Kendon, 2001] définit la notion de geste par un mouvement du corps ou d'une partie de celui-ci qui soit une expression de notre intellect ou de notre affectivité. Selon lui, on ne peut dissocier un geste d'un certain degré de volontarisme qui l'implique, c'est à dire qu'ainsi, l'activité liée à la surprise, l'explosion de sentiments (larmes) n'est pas vue comme un geste ; bien que la limite soit parfois difficile à marquer.

[Suraweera 1999] définit les gestes par les unités atomiques que l'on peut utiliser pour exprimer un comportement.

[Kendon 2001] évoque plusieurs aspects tels que la relation entre les gestes et la parole, quand et pourquoi on utilise les gestes, quelles sont les informations portées par un geste, quelles sont les différences culturelles pour exprimer et expliquer un geste. Il définit la notion de système gestuel : « un ensemble de gestes codifiés lors d'une interaction pour contourner des difficultés d'expression orale ».

Locomotion ou mobilité

Dans une interface graphique, un agent pédagogique peut être mobile ou fixé dans un endroit précis. S'il est mobile, sa mobilité peut prendre plusieurs formes : cela peut être une mobilité automatique (le plus souvent on utilise ce genre d'agent dans des enseignements de travaux pratiques et dans des systèmes de réalité virtuelle, par exemple STEVE [Rickel et al., 1997]) ou une mobilité assistée que l'apprenant provoque avec la souris (par exemple Herman the Bug[Lester et al., 1997], ProSILA [Barker, 2003a][Barker, 2003b]). Si cette mobilité est motivée, en particulier par une fonctionnalité pédagogique on pourra parler de locomotion.

Déictique

L'agent utilise le déictique pour porter l'attention de l'apprenant sur un point précis d'un environnement complexe source d'ambiguïtés (déictique via les gestes de la main mais aussi via le regard et les mouvements de la tête). Plusieurs agents pédagogiques utilisent des gestes déictiques (PPP Personna [André et al., 1996], Adele[Shaw et al., 1999]).

EMOTIONS

[Cosnier, 1997] définit la communication émotionnelle comme étant toute interaction interpersonnelle comportant un ensemble de signaux permettant de faciliter la compréhension d'autrui. Ces signaux peuvent être de nature verbale ou non verbale. La plupart des agents pédagogiques existants ne gèrent pas les émotions. Nous pouvons ainsi considérer deux catégories : les agents non émotionnels et les agents émotionnels. Les agents émotionnels peuvent tenir compte des émotions de l'apprenant (émotions en entrée) ou bien exprimer des émotions (émotions en sortie)

Emotions en entrée

Dans un contexte éducatif classique, l'observation et l'identification de l'état émotionnel de l'apprenant permettent à l'enseignant d'entreprendre des actions qui vont influencer la qualité de l'apprentissage et son exécution. Afin d'assurer une meilleure interaction avec l'étudiant, un EIAH devra tenir compte des relations entre l'émotion, la cognition et l'action en contexte d'apprentissage en s'inspirant de modèles cognitifs et comportementaux [Nkambou et Heritier, 2004]. C'est ainsi que certains systèmes disposent d'outils de capture du regard, voir même de dispositifs essayant d'interpréter les expressions faciales des apprenants pour pouvoir les analyser et les traiter ensuite. Citons à titre d'exemple l'agent DUFFY [Abou-Jaoude et al., 1999].

Emotions en sortie
Ce sont les émotions exprimées par l'agent pédagogique. Ces émotions sont différentes d'un système à un autre. Le système peut les calculer en fonction des émotions en entrée si le système dispose des outils permettant de les évaluer et/ou en fonction du modèle de l'apprenant (ses actions précédentes, le temps qu'il passe pour réaliser une tâche...). Citons à titre d'exemple l'agent COSMO [Lester et al., 1999].

Les émotions sont plus souvent exprimées par des expressions faciales mais aussi par des gestes (poing levé pour la colère).

[Ball et Breese, 2000] développent un modèle dans lequel les émotions qu'un agent « ressent » peuvent affecter son comportement verbal et non-verbal. Ils ont construit pour cela un réseau de croyances (Belief Network) qui lie les émotions avec leurs manifestations verbales et non-verbales. Fiorella de Rosis et ses collègues ont développé un modèle computationnel de déclenchement des émotions en utilisant un réseau de croyances [Carofiglio et deRosis, 2005]. Leur modèle est capable de déterminer non seulement quelle émotion doit être déclenchée après événement donné pour un agent donné, mais est aussi capable de calculer la variation de cette émotion au cours du temps. Le modèle computationnel utilise un modèle Croyance Désir Intention (Belief Desire Intention, BDI) de l'état mental de l'agent. La logique floue a été utilisée pour modéliser le déclenchement des émotions dues aux événements [El-Nasr et al.,

2000] ou pour faire correspondre les expressions faciales d'une émotion à une intensité donnée [Bui et al., 2003].

MULTIPLICITE

Une étude réalisée par Baylor [Baylor et Ebbers, 2003] montre que l'utilisation d'agents pédagogiques séparés peut rendre l'apprentissage plus facile pour l'apprenant. L'idée est de répartir les rôles pédagogiques entre les agents. Par exemple, au lieu d'intégrer un seul agent tuteur et incitateur à la fois on intègre deux agents différents, l'un ayant pour objectif de motiver l'apprenant et l'autre ayant pour objectif de jouer le rôle du tuteur. C'est ainsi qu'on peut diviser les systèmes existants en deux sous catégories : les systèmes à un seul agent pédagogique (LuCy [Goodman et al., 1998] par exemple) et les systèmes à plusieurs agents pédagogiques (CLEV-R [McArdle et al., 2004] par exemple).

APPRENTISSAGE COLLABORATIF

Certains systèmes ont pour but la réalisation d'une plate-forme ou d'un dispositif d'enseignement multi-utilisateurs. Dans ce genre de systèmes, les apprenants doivent travailler à la réalisation d'une tâche commune en utilisant des outils facilitant la communication et le travail collaboratif. Cela ne veut pas dire qu'il y ait forcément une interface commune pour tous les apprenants, chacun peut toujours avoir son interface personnelle. Les agents pédagogiques intégrés dans ces systèmes ont, en général, pour objectif de favoriser l'apprentissage collaboratif en supervisant les actions individuelles des apprenants et en comparant ces actions entre elles. Ils peuvent ainsi proposer des dialogues entre certains apprenants.

Dans cette catégorie on trouve par exemple les systèmes Baghera [Webber et al., 2001] et Coler [Constantino–Gonzales et Suthers, 2003].

DOMAINES D'APPLICATION

Les systèmes éducatifs qui disposent d'agents pédagogiques sont appliqués à plusieurs domaines, particulièrement des sciences : apprentissage des mathématiques, de l'informatique, du diagnostic médical, de la physique. Beaucoup moins nombreux sont les systèmes qui s'intéressent à l'apprentissage des sciences humaines à l'exception de l'apprentissage des langues. Ce manque de traitement des sciences humaines n'est pas dû à une importance restreinte de ces sciences mais surtout à la difficulté de modélisation. C'est ainsi qu'on peut avoir deux grandes catégories : les systèmes qui traitent les sciences dites dures et ceux qui traitent les sciences humaines et vu l'intérêt accordé à la première catégorie on peut considérer des catégories partielles par domaine d'application (Mathématiques, Informatique, Médecine...).

A ces deux catégories, peut s'ajouter une troisième qui s'intéresse à l'apprentissage des techniques (manipulation d'objets). Les agents qui s'inscrivent dans cette catégorie s'utilisent en général dans les milieux industriels (ex : HAL, STEVE).

MODALITES EN ENTREE
Les systèmes qui intègrent des agents pédagogiques peuvent aussi être différenciés suivant les modalités qu'ils prennent en entrée. Certains systèmes permettent des entrées multimodales (texte, regard, etc.) mais rares sont les systèmes qui intègrent un outil de traitement de langage naturel (par exemple, reconnaissance de la parole). Il en existe cependant quelques-uns, par exemple l'agent STEVE [Rickel et al., 1997].

Nous avons présenté dans ce cette section les principaux critères de catégorisation d'agents pédagogiques que nous avons déterminés à partir de notre étude des agents existants. L'objectif de ce travail est de savoir que ce qu'on peut attendre d'un agent pédagogique. En d'autres termes quelles seront les capacités de notre futur agent. Bien sûr tous ces critères ne pourront pas être traités dans un travail de thèse.

2. PEPITE[4]

INTRODUCTION
Des recherches en Sciences Humaines ont montré l'importance de la communication non verbale dans les interactions interpersonnelles enseignant - apprenant. En fonction d'un objectif pédagogique à un instant donné, un enseignant s'appuie sur un large éventail d'éléments de communication verbale

---

[4] Cette section est une adaptation d'une publication en commun avec les chercheurs de Pépite

et non verbale (gestes, postures, direction du regard, expressions faciales) [Richmond et Croskey, 2004]. Les gestes, s'ils sont cohérents avec la parole peuvent par exemple faciliter et accélérer la compréhension d'un discours. De nombreuses études ont ainsi étudié la perception par les apprenants du style expressif et des comportements non verbaux des enseignants (« immediacy » ou proximité psychologique de la part de l'enseignant, enthousiasme de l'enseignant) [Babad, 2005]. Notre objectif est d'apporter des connaissances sur le comportement multimodal d'un enseignant dans une situation de diagnostic lors d'une interaction dyadique avec un élève. En effet notre travail est le fruit de la coopération de deux projets de recherche, le projet MICAME et le projet PEPITE.

Nous présentons par la suite le projet Pépite qui constitue le domaine d'application sur lequel s'est appuyé ce travail de thèse, et l'agent conversationnel Greta que nous avons utilisé pour mettre à l'épreuve les résultats de notre étude sur un prototype d'agent virtuel.

LE PROJET PEPITE

Ce projet [Delozanne et al., 2003][5] a pour objet l'évaluation des connaissances en algèbre d'élèves à la sortie du collège (niveau fin de troisième). Le logiciel Pépite est composé d'un module de test (PépiTest) qui propose à l'élève un ensemble structuré d'exercices d'algèbre et d'un module d'analyse des réponses de l'élève qui permet de construire un profil cognitif de l'élève. Le profil établi par Pépite était à l'origine, destiné aux enseignants pour leur permettre de différencier les apprentissages. Cependant, en accord avec les chercheurs en EIAH qui proposent de créer des modèles de l'élève ouverts [Bull et Kay, 2005] ou inspectables [Kay, 2000], l'hypothèse que l'on peut faire progresser les élèves en les responsabilisant par une réflexion de niveau méta sur leur résultats [Katz et al., 2003] pour qu'ils se construisent une représentation de leur compétence et de la compétence attendue par l'institution a été faite. Si la notion de profil cognitif est adaptée pour aider l'enseignant à définir des stratégies d'enseignement différentiées, la notion de bilan de compétence nous a semblé plus appropriée en

---

[5] http://pepite.univ-lemans.fr/

ce qui concerne un retour vers un élève après un test. En effet, elle sous-tend une négociation et permet de valoriser l'élève (l'adolescent) en lui présentant ses points forts et pas seulement ses points faibles.

Lors d'expérimentations pilotes durant lesquelles une enseignante discutait individuellement avec des élèves de leurs résultats au test Pépite, deux éléments sont très clairement apparus. Premièrement, il ne suffit pas de montrer les profils générés par Pépite, mais une véritable discussion s'engage entre l'enseignante et l'apprenant pour préciser les attentes de l'institution et la position de l'élève par rapport à ces attentes. Deuxièmement, si s'est manifesté un très vif intérêt de la part des adolescents pour l'image complexe que le logiciel leur renvoie de leurs compétences, s'est aussi manifesté une forte charge émotionnelle dans les discussions. Ces expérimentations ont amené l'équipe Pépite à émettre l'hypothèse qu'un agent pédagogique pourrait favoriser la réflexion métacognitive des élèves sur leur résultat au test diagnostic, en particulier en manifestant une empathie qui aide à déculpabiliser les erreurs. C'est cette hypothèse qui a ramené l'équipe du projet Pépite à travailler avec nous au sein du projet MICAME-Pépite.

L'ENVIRONNEMENT PEPITE

L'algèbre est un verrou d'accès à l'enseignement supérieur scientifique, et pour une grande majorité d'élèves, le passage de l'arithmétique à l'algèbre est un obstacle qui peut s'avérer infranchissable. De nombreuses études internationales se sont penchées sur cette question et des EIAH ont été conçus en vue de faciliter cet apprentissage (par ex [Nicaud et al., 2002]). Dans ce cadre, le projet Pépite a pour objectif de fournir aux enseignants de mathématiques du secondaire un support logiciel pour gérer la diversité cognitive de leurs élèves relativement à l'apprentissage de l'algèbre. Ce projet s'appuie sur un travail en didactique des mathématiques [Grugeon, 1995] fondé sur une étude de cohortes d'élèves sur le long terme et une étude théorique croisant des approches didactique et épistémologique [Brousseau, 1986], [Douady, 1986], cognitive [Sfard, 1994], [Vergnaud, 1987], sémiotique [Duval, 1988] et anthropologique [Chevallard, 1992]. La première étape de ce projet s'est intéressée à concevoir un outil de diagnostic d'abord un outil papier crayon [Grugeon, 1995] puis un logiciel, le logiciel Pépite qui construit automatiquement un profil cognitif en algèbre d'un élève du secondaire à partir de ses réponses à un test spécialement conçu à cet effet [Jean-Dubais, 2002].

La métaphore est de trouver dans les réponses de l'élève les « pépites » avec lesquelles construire des connaissances stables et valorisables (des « lingots »). L'originalité de Pépite est de ne pas se contenter de relever les erreurs des élèves mais aussi de mettre en évidence des cohérences dans leur fonctionnement en algèbre. Certaines de ces cohérences sont intéressantes à développer mais d'autres peuvent être de véritables obstacles pour la progression de l'élève et il est indispensable de les repérer d'abord, puis de les déstabiliser. Prenons un exemple : tous les enseignants constatent que de nombreux élèves se forgent des règles fausses (par exemple $a + X = aX$ ou $(a+b)^2 = a^2 + b^2$) ; or répéter la règle juste ne suffit pas à corriger cette erreur si l'élève n'a pas compris à quoi servent les lettres dans un calcul. L'utilisation de Pépite comporte trois étapes : les élèves passent d'abord un test avec le logiciel PépiTest qui recueille leurs réponses. Le logiciel PépiDiag analyse automatiquement leurs réponses en leur associant un code sur plusieurs dimensions d'analyse. Enfin le logiciel PépiProf effectue une analyse transversale des codes sur les différents types d'exercices et présente à l'enseignant un profil cognitif de chaque élève.

Dans la suite, nous décrivons les différents composants du système Pépite : à savoir, PépiTest, PépiDiag et PépiProf.

PEPITEST

Le logiciel PepiTest propose à l'élève de résoudre un ensemble de 22 exercices. L'interface se compose de 36 écrans, chaque écran comporte un classeur à onglets proposant l'accès aux différents exercices. L'interface est conçue de telle façon que l'élève arrive à distinguer l'exercice courant, les exercices consultés, les exercices non encore consultés et les exercices marqués par l'élève comme étant terminés.

Les exercices sont constitués de questions à choix multiples, de questions pour lesquelles les réponses doivent être fournies via des dispositifs interactifs (par exemple en cliquant des zones sur un graphique), et de questions ouvertes exigeant des élèves la production d'expressions algébriques, de réponses en langage naturel ou de réponses combinant ces deux registres d'expression. Une palette (en haut à droit sur la figure 5) procure à l'élève les symboles mathématiques lui permettant d'écrire des expressions algébriques. L'élève a aussi la possibilité d'annoter des figures [Jean, 2000].

PepiTest recueille les réponses des élèves aux exercices.

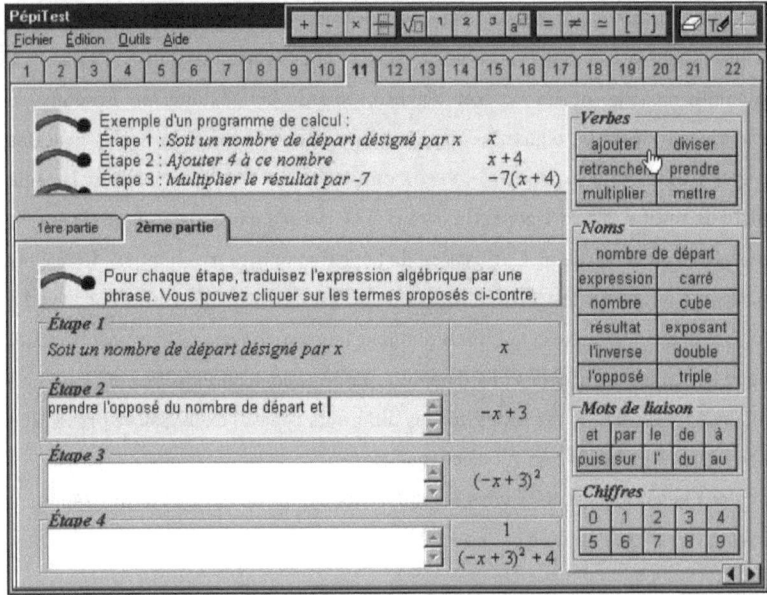

Figure 5 : Un exemple d'exercice de PipiTest

PEPIDIAG

Les données recueillies par PépiTest sont analysées automatiquement par un logiciel PépiDiag. Ce logiciel interprète les réponses des élèves à chaque exercice de PepiTest en appliquant des heuristiques dérivées de la grille d'analyse issue de l'analyse didactique.

Chaque réponse est analysée selon plusieurs dimensions d'analyse : validation, utilisation des lettres, calcul algébrique, traduction d'un registre à un autre, type de justification et connaissances numériques). Pour chaque composante,

PépiDiag identifie les modes de fonctionnement mis en œuvre par l'élève dans sa réponse.

Il associe chaque réponse d'élève à un code permettant de qualifier la réponse sur chaque dimension. Ainsi, pour chaque élève, PépiDiag remplit automatiquement une matrice de diagnostic de 55 lignes correspondant au nombre de questions dans PépiTest et de 36 colonnes correspondant aux différents modes de fonctionnement sur les cinq composantes décrites dans le modèle multidimensionnel des compétences algébriques [Prévit, 2008]. En fait, PépiDiag ne remplit que partiellement cette matrice car le codage des réponses en langage naturel est encore problématique. Les réponses en langage naturel ne sont, dans la version courante du logiciel, que très partiellement analysées par recherche de mots clés. Cependant, les réponses fermées et les expressions algébriques simples sont analysées de manière détaillée.

PépiDiag ne cherche pas à comprendre la réponse de l'élève mais cherche à identifier des éléments particuliers, déterminés par une analyse didactique a priori. Selon le type d'éléments à identifier, PépiDiag utilise des méthodes de diagnostic différentes.

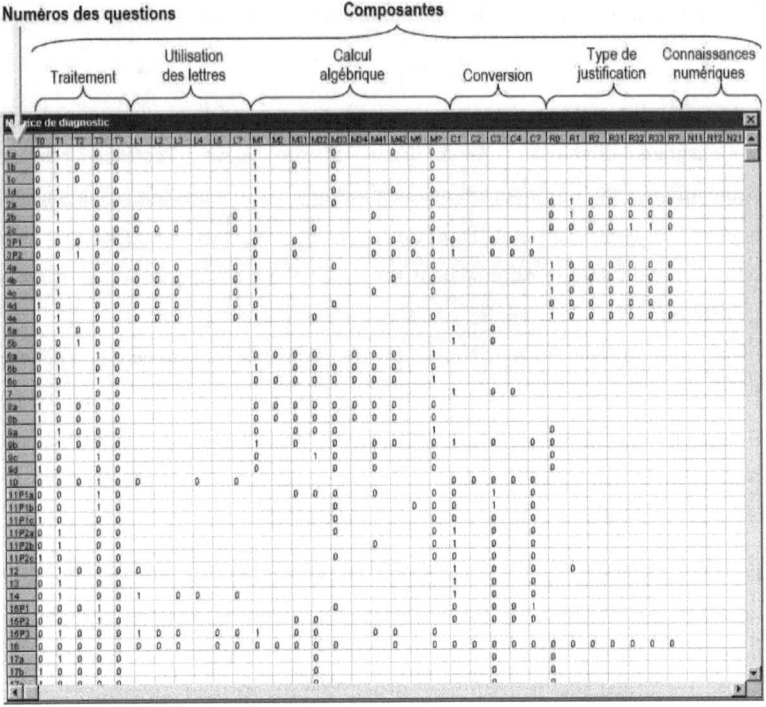

Figure 6 : Exemple de Matrice remplie par PépiDiag

PépiDiag teste donc successivement plusieurs hypothèses sur le fonctionnement de l'élève. Ces hypothèses correspondent aux différentes réponses fréquemment rencontrées par les enseignants et les chercheurs. Si aucune hypothèse n'est vérifiée, le fonctionnement de l'élève est considéré comme non identifié. Les fonctionnements non identifiés pourront ensuite être complétés par l'enseignant à l'aide d'un logiciel PépiProf.

PEPIPROF
Cette partie du logiciel a pour objet de construire un profil cognitif de l'élève et de permettre à l'enseignant de travailler sur ce profil. Les profils cognitifs de PÉPITE comportent à la fois des informations quantitatives et des informations qualitatives sur le fonctionnement cognitif des élèves.

Le profil donne tout d'abord les pourcentages de traitements corrects, de traitements corrects partiels ou corrects non attendus (c'est-à-dire correct mais ne correspondant pas aux attentes des enseignants pour un élève de ce niveau scolaire), de traitements incorrects et d'absence de réponse. Il donne ensuite le taux de réussite global de l'élève, ainsi que les taux de réussite par types d'exercices.

D'un point de vue plus qualitatif, le profil indique les traitements maîtrisés par l'élève, ainsi que les modes de fonctionnement mis en œuvre par l'élève, composante par composante. Il présente enfin, sous forme d'un diagramme, les articulations entre cadres maîtrisées par l'élève.

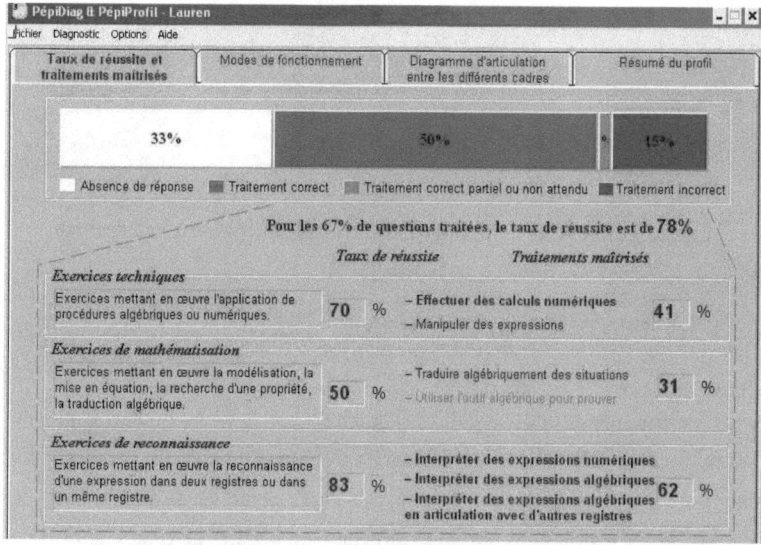

Figure 7 : Exemple de profil quantitatif d'élève réalisé par PépiProf

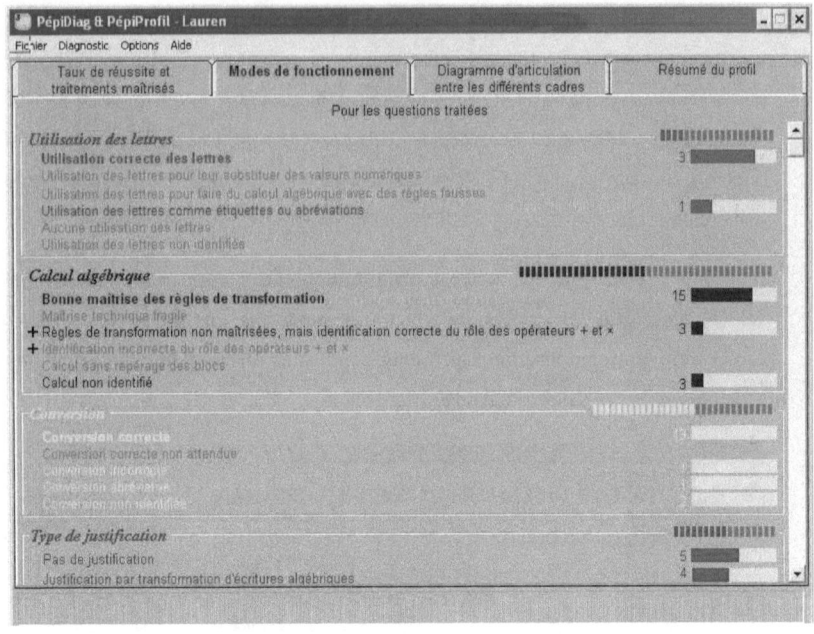

Figure 8 : Exemple de profil qualitatif d'élève réalisé par PépiProf

3. L'AGENT CONVERSATIONNEL GRETA

INTRODUCTION

GRETA est un Agent multimodal capable d'interpréter un texte dans lequel des fonctions communicatives ont été annotées [DeCarolis et al., 2004] et de générer une séquence comportementale en cohérence avec le texte et avec les annotations : expressions faciales, direction du regard et gestes appropriés [Buisine et al., 2006]. La synthèse vocale est réalisée à l'aide de Festival[6]. Le rythme de la synthèse vocale sert de base à la synchronisation des autres modalités. Chaque moteur de comportement (expressions faciales/regard et gestes) produit une animation FAP/BAP compatible avec le format MPEG-4 [Taubin, 1998] qui, à son tour, contrôle le modèle facial et le squelette corporel en OpenGL.

---

[6] http://www.cstr.ed.ac.uk/projects/festival/

32

FONCTIONS COMMUNICATIVES

Pour créer un agent conversationnel et, en particulier, un agent capable de réaliser des gestes communicatifs synchronisés avec la parole, la métaphore de la communication homme-homme est appliquée pour calculer le comportement verbal et non-verbal de l'agent. Le corps et la voix travaillent ensemble pour communiquer un but donné. D'une certaine manière, ils sont différentes modalités d'un même but dans le sens où ils ne transmettent pas la même information. La métaphore homme-homme utilisée par GRETA est fondée sur une taxonomie de fonctions communicatives créée par Isabella Poggi [Poggi, 2002]. Dans cette taxonomie, on distingue trois parties de fonctions communicatives [Pelachaud et al., 2004]: information sur le monde, information sur l'identité du locuteur et information sur l'esprit mental du locuteur.

INFORMATION SUR LE MONDE : Lorsque nous communiquons, nous fournissons des informations sur des événements concrets ou abstraits, sur leurs acteurs et objets, ainsi que sur leurs relations temporelles et spatiales. De telles informations sont données par les mots mais aussi par les gestes ou le regard.

INFORMATION SUR L'IDENTITE DU LOCUTEUR : Les traits physionomiques de notre visage, nos yeux, nos lèvres, les éléments acoustiques de notre voix et, souvent, notre posture, fournissent des informations sur notre sexe, âge, personnalité et nos racines socio-culturelles.

INFORMATION SUR L'ESPRIT MENTAL DU LOCUTEUR : Lorsque nous mentionnons des événements du monde externe, nous communiquons aussi pourquoi nous désirons parler de ces événements, ce que nous pensons et ressentons à leur sujet, comment nous pensons en parler. Nous donnons des informations sur nos croyances, sur nos buts et sur les émotions que nous ressentons lors de notre discours.

ARCHITECTURE DU SYSTEME GRETA

L'architecture du système GRETA (présentée dans la figure 9 ci-dessous) comporte six modules principaux.

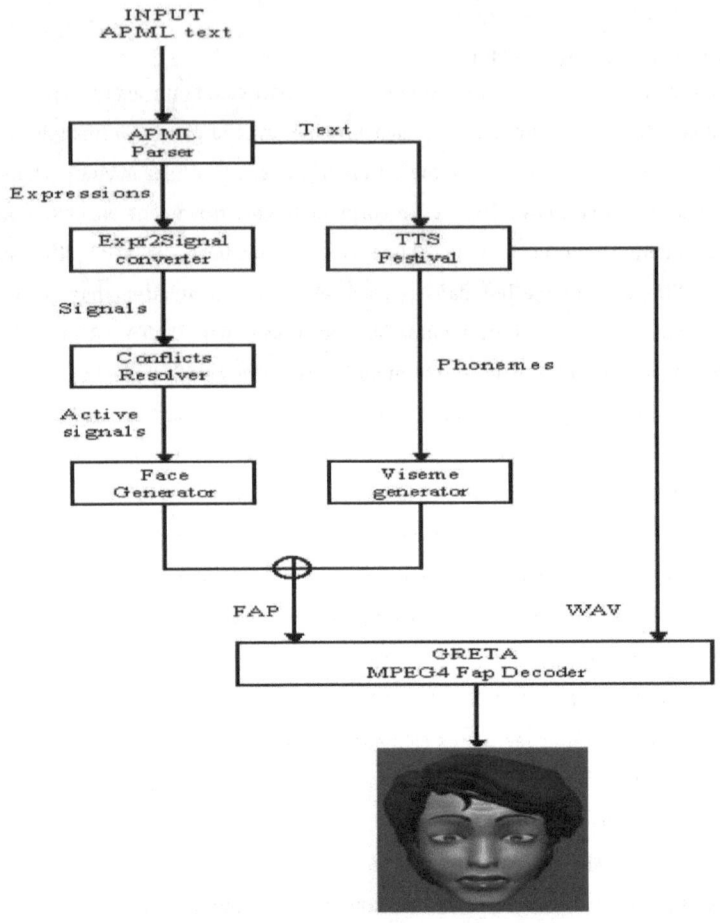

Figure 9 : Architecture du système GRETA [Pelachaud, 2005]

APML Parser : parser XML qui valide la conformité du fichier passé en paramètre à la DTD du langage APML (cf. chapitre 5)

Expr2Signal Converter : ce composant retourne la liste des paramètres de visage à activer pour réaliser une expression faciale donnée.

TTS Festival : Festival[7] est un synthétiseur vocal. Ce composant permet la synchronisation des paramètres du visage et de la parole.

Conflicts Resolver : Ce composant permet de résoudre les conflits si plusieurs signaux de visage vont être activés sur les mêmes parties du visage.

Face Generator : Ce composant permet la conversion des expressions du visage en valeurs FAP de la norme MPEG-4 pour l'animation du modèle de visage 3D.

Viseme Generator : permet la conversion de chaque phonème spécifié par Festival en ensemble de valeurs FAP pour l'animation des lèvres.

MPEG-4 FAP Decoder : il s'agit d'un système d'animation compatible avec la norme MPEG-4.

FONCTIONNALITES ET MODE DE PROGRAMMATION DE GRETA

Greta dispose d'un certain nombre de modalités lui permettant de s'exprimer. Il peut envoyer des signaux à l'aide d'expressions faciales (sourcil, bouche), de mouvements de tête (orientation de la direction de la tête par exemple), de gestes (mouvements de bras et de mains) et de postures de corps. La circonstance dans laquelle GRETA intervient induit l'utilisation de l'une de ces modalités ou d'en combiner plusieurs. Dans ce sens, il imite le comportement d'un locuteur. Les locuteurs diffèrent en termes d'utilisation de ces modalités. En d'autres termes, deux locuteurs peuvent ne pas utiliser les mêmes modalités pour exprimer le message (un locuteur utilise beaucoup d'expressions faciales, un autre n'arrête pas à faire bouger les bras et les mains ...). Pour chacune de ces quatre modalités (expressions faciales, mouvements de tête, geste et postures) on affecte un poids compris entre 0 et 1 pour privilégier son utilisation. Si on ne donne pas de poids à ces modalités, Greta utilise les modalités d'une façon équitable. Des paramètres sont aussi utilisés pour définir le niveau d'expressivité de l'agent. Ces paramètres permettent de dire par exemple à quelle vitesse un mouvement s'effectue, combien de temps prend un mouvement, quelle est son amplitude, sa puissance ...

GRETA est écrit en C++ et compilé avec Visual Studio 2003. Il s'agit d'une application autonome qui permet des générer des animations MPEG-4 à partir de fichier APML. Il est destiné à une utilisation sous Windows. Un exemple

---

[7] http://www.cstr.ed.ac.uk/projects/festival/

d'interface est fourni en Annexe. Cet exemple est accompagné d'explication provenant du manuel d'utilisation [Pelachaud, 2006]

APPLICATIONS DE GRETA

GRETA est utilisé par plusieurs projets nationaux et européens : CALLAS[8], SEMAINE[9], HUMAINE[10], ISCC Apogeste[11] et ANR MyBlog3D[12]. L'utilisation de GRETA est différente d'un projet à un autre. Dans CALLAS, GRETA est utilisé pour faire des études sur les expressions émotionnelles dans un contexte social. Dans SEMAINE, GRETA se met en face de l'utilisateur et modifie son comportement en fonction de celui de l'utilisateur. Dans le projet HUMAINE, GRETA est repertorié comme l'un des outils utilisés par le projet dans le cadre de recherche émotionnelle. Pour le projet ISCC Apogeste, l'objectif d'utilisation de GRETA est de mesurer le potentiel de visibilité des gestes afin d'évaluer leur potentiel communicatif. Pour le projet ANR MyBlog3D, l'objectif est de renforcer la perception mutuelle des internautes communicant et partageant des objets au sein d'un espace 3D virtuel par un dispositif d'interaction innovant intégrant des interfaces perceptuelles et la restitution virtuelle 3D des utilisateurs par vision artificielle en temps réel et par une perception multimodale intégrant la vision et la voix et c'est dans cette dernière partie que GRETA s'utilise dans le cadre de ce projet.

L'intégration d'un agent pédagogique dans un EIAH constitue l'objectif à long terme de ce travail. L'objectif premier de cette étude est de fixer des paramètres du comportement qui vont être consolidés avec des travaux d'évaluation. Ces travaux d'évaluation nécessitent que ces paramètres soient rejoués par un agent pédagogique, dans une situation d'enseignement précise et pour un domaine défini. C'est dans cette optique que les deux projets (Pépite et Greta) présentés ci-dessus s'inscrivent. Pépite est aussi l'application sur laquelle notre étude va porter pour définir le comportement de notre futur agent pédagogique.

---

[8] http://www.callas-newmedia.eu/

[9] http://www.semaine-project.eu/

[10] http://emotion-research.net/

[11] http://www.apogeste.cafewiki.org/

[12] https://picoforge.int-evry.fr/cgi-bin/twiki/view/Myblog3d/Web/

CHAPITRE III : PROBLEMATIQUE, QUESTIONS DE RECHERCHE ET METHODOLOGIE

1. PROBLEMATIQUE

Dans un cadre classique d'enseignement, l'enseignant utilise différentes modalités pour transmettre une information, une demande, une instruction ou une question à l'apprenant. En plus de la communication verbale, l'enseignant utilise pour atteindre un objectif pédagogique des gestes, des expressions faciales, le regard, etc. [Richmond et Croskey, 2004]. Cet aspect non verbal de la communication, bien qu'il ait fait l'objet d'études détaillées d'évaluation dans le contexte plus général des IHM, n'a pas été jusqu'à présent pleinement pris en considération par les systèmes d'EIAH. Ceci pourrait s'expliquer par la difficulté de recueillir, d'analyser et d'intégrer un grand nombre d'informations multimodales tandis que les recherches en EIAH privilégient souvent une démarche qui consiste à concevoir un logiciel d'apprentissage à partir de théories pédagogiques, didactiques ou informatiques [VanVuuren, 2006] [DuBoulay et Luckin, 2001].

Les avancées des recherches en Interface Homme-Machine (IHM) ont apporté les Agents Pédagogiques (AP) présentés dans le chapitre 2 de cette thèse. Ces agents permettent d'intégrer dans une IHM des éléments de communication non verbale. De tels agents peuvent aussi être utilisés dans un contexte d'EIAH comme nous l'avons présenté dans le chapitre 2. On pourra alors s'intéresser à étudier la communication non verbale qui se produit dans un cadre classique d'enseignement, par exemple en terme d'expressions faciales, de gestes et de direction du regard, pour introduire des éléments de communication dans un EIAH via un agent.

Des études d'évaluation de l'impact de ces agents sur l'apprenant ou sur l'apprentissage ont été menées ([Dehn et VanMulken, 2000], par exemple, décrit plusieurs évaluations d'agents pédagogiques). Elles ont montré un effet sur les performances et la motivation liées à la présence d'un agent pédagogique. [VanMulken, 1998] a montré que la présence de l'agent Ppp Persona [André et al., 1996] n'a pas d'effet sur les performances mais seulement sur les appréciations subjectives. [Beun, 2003] a observé que la présence d'un agent améliorait la mémorisation. [Moreno et al., 2001] montre que des élèves qui apprennent avec l'agent Herman the Bug [Lester et al., 1997] dans le cadre d'une application de botanique obtiennent de bons résultats sur des tests de transfert et sont plus intéressés par l'agent. La présence de l'agent n'améliorerait cependant pas les résultats des tests de rétention. Outre les études rapportées ci-dessus, d'autres recherches étudient par exemple la mémorisation suite à une présentation technique faite par un agent conversationnel [Buisine et al., 2004], ou bien l'impact du réalisme de l'agent, de son sexe, de son apparence culturelle et de son rôle pédagogique sur l'apprentissage [Baylor et Kim, 2004]. Baylor et Kim ont observé que 1) les élèves montrent un transfert d'apprentissage plus fort lorsque l'agent pédagogique est représenté de manière réaliste (par opposition avec des représentations de type « dessin animé »), 2) l'utilisation de messages motivationnels (dans le cas d'agents ayant un rôle de motivateur ou mentor) permet une meilleure régulation et efficacité de l'apprentissage.

Spécifier le comportement d'un AP est très complexe. Un agent pédagogique est composé de plusieurs couches. Les couches de haut niveau permettent de décrire le message à communiquer. Les couches de bas niveau génèrent le comportement observable de l'agent. Les messages à communiquer peuvent être très variés. La manifestation en sortie de ces messages, en termes de comportement d'agent, peut être très diversifiée. La modélisation informatique, d'une part de ces messages, et d'autre part de ces comportements observables, ainsi que la conception des algorithmes permettant de générer les seconds en fonction des premiers, constitue des problèmes difficiles. L'agent veut imiter, ou du moins s'inspirer, du comportement d'humains qui disposent d'une infinie complexité de facultés leur permettant de communiquer.

Considéré depuis le niveau d'abstraction qui nous intéresse dans le cadre de ce travail, un humain est composé d'une enveloppe corporelle actionnée par des muscles et d'un système nerveux (avec le cerveau pour organe de commande). De ce point de vue, le corps traduit en mouvements les messages du cerveau.

La modélisation des mouvements corporels et la mise en œuvre de ces mouvements à l'aide d'agents conversationnels fait l'objet des recherches en IHM qui donnent des résultats fructueux. Le réalisme, et la qualité en général de la représentation graphique et dynamique de ces mouvements s'améliore régulièrement.

Nous nous intéressons dans cette thèse à la modélisation des commandes du cerveau. En d'autres termes, notre objectif principal est de déterminer, en fonction d'objectifs de communication, quels mouvements corporels doit réaliser un agent.

Face à la difficulté de cette problématique, la question de la méthodologie est centrale. Les travaux existants empruntent plusieurs approches. Pour la plupart, ils se fondent sur des connaissances théoriques en psychologie, Sciences de l'éducation ou bien Sciences cognitives ou tout simplement sur des règles générales provenant de la littérature en sociolinguistique, qu'ils appliquent à la définition du comportement d'un agent.

Nous avons choisi au contraire d'adopter une approche expérimentale qui intègre de données théoriques mais prend en compte de manière précise le contexte particulier de l'intégration de l'agent pédagogique et s'inspire de l'étude expérimentale de la communication humain-humain.

L'importance de cette approche réside dans son caractère réaliste. Les données sur lesquelles cette approche se fonde viennent de situations réelles, ce qui augmente les chances de produire une situation assez proche de la situation simulée.

Nous avons donc utilisé cette approche méthodologique pour déterminer un ensemble de règles permettant de spécifier le comportement de notre agent pédagogique. Cette approche commence par le recueil de données de situations réelles de communication humain-humain, et se termine par l'extraction des règles de pilotage de l'agent.

Notre travail est pluridisciplinaire. Il relève en première instance de l'informatique mais il touche aussi aux sciences de l'éducation, à l'ergonomie et aux sciences cognitives. Etant donné qu'il va être appliqué dans un environnement d'EIAH particulier, la prise en considération de la didactique du domaine étudié est aussi importante.

Cette pluridisciplinarité nous a amené à travailler avec des chercheurs provenant de ces différents domaines. Nous travaillons dans le cadre du Programme AIDA[13] et nous profitons des avancées de la recherche sur les Agents Conversationnels effectuée au LINC.

Vouloir concevoir un agent pédagogique générique, qui puisse directement être utilisé sur un large éventail d'applications pédagogiques risquerait de rendre celui-ci inefficace voire inutile. En d'autres termes, il est difficile d'imaginer un agent pédagogique qui pourrait indifféremment intervenir dans l'enseignement des mathématique, de la philosophie, des langues, de la musique…, et ce dans toute circonstance : cours, évaluations, retours d'évaluation, ainsi que pour tout type d'apprentissage : individuel, en groupe, collaboratif…

Nous avons donc décidé de nous placer dans un contexte très précisément situé. Nous avons besoin des données telles que la matière enseignée, le public d'apprenants ciblé, la circonstance d'enseignement pour pouvoir concevoir des agents pédagogiques qui tiennent compte des spécificités de la situation d'apprentissage dans laquelle ils vont intervenir.

Nous avons travaillé en collaboration étroite avec le projet Pépite présenté au chapitre 2. La suite logicielle Pépite, qui produit un diagnostic du niveau en Algèbre d'élèves en fin de collège, est pour l'instant destinée prioritairement aux enseignants. Pépite collecte les réponses des élèves aux exercices proposés, calcule les profils cognitifs des élèves, et procure à l'enseignant un diagnostic du niveau de ses élèves et de sa classe en terme de « stéréotypes » (cf. chapitre 2). Ces diagnostics, ainsi que le détail des succès et échecs aux exercices proposés par Pépite, pourraient constituer une base pédagogique très riche en vue d'un

---

[13] http://www.lutes.upmc.fr/aida/

travail individuel. En situation réelle de travail en collège, l'enseignant n'a cependant pas le temps d'exploiter ces informations et de réaliser ce retour individuel vers chaque élève. Relativement à Pépite, l'objectif de notre thèse est donc de travailler à la réalisation, à terme, d'un agent permettant de donner à l'élève un retour automatique à partir de résultats produits par Pépite. Un tel retour pourrait être effectué via des interfaces classiques. Les résultats montrés par les études d'évaluations des agents pédagogiques que nous avons citées précédemment laissent cependant penser qu'un agent pédagogique pourrait apporter un gain, ne serait-ce qu'en terme de motivation et d'investissement de l'apprenant. Les questions de recherche que nous nous posons pour segmenter cette problématique générale sont : Quelle est la composante non verbale dans une communication pédagogique ? Comment étudier cette composante pour obtenir un modèle computationnel du comportement plausible d'un agent virtuel ? Quelles corrélations entre les actes pédagogiques et la direction du regard d'un agent humain ? Quel modèle computationnel proposé pour piloter un agent virtuel ? Comment valider un tel modèle ?

Notre objectif à long terme étant de définir le comportement non verbal d'un agent pédagogique destiné à l'environnement Pépite, l'objectif de la thèse est de mettre en place une méthodologie adaptée à cet objectif à long terme et de la mettre en œuvre sur un élément particulier de communication non verbale : la direction du regard.

2. METHODOLOGIE DE RECHERCHE

INTRODUCTION
Le comportement multimodal est fonction du contexte et donc doit être étudié de manière située. La littérature en comportement non verbal est riche en méthodes et études expérimentales [Harrigan et al,. 2005]. Cependant, dans une perspective de conception d'interface homme-machine, elle apporte peu de connaissances suffisamment précises pour être utilisées de manière pertinente pour une situation donnée. Les approches de type corpus numériques visent à apporter ce type de connaissances spécifiques et détaillées pour une situation donnée permettant de construire des modèles computationnels [Martin et al.,

2006]. Cette méthodologie préconise de commencer par la définition des questions auxquelles on souhaite apporter des réponses en utilisant cette méthode et aussi la définition des concepts de base. Ensuite intervient le développement d'un schéma de codage regroupant ces questions et ces concepts. L'étape suivante est de recueillir les séquences vidéo à partir desquelles nous voulons définir le comportement. Une fois que ces séquences sont enregistrées, un codage suivant le schéma déjà déterminé doit être effectué. Ce codage doit être validé et après validation, des mesures statistiques doivent être appliquées pour en tirer des leçons permettant de définir des règles de pilotage de l'agent pédagogique.

La méthodologie particulière que nous avons mise au point pour la modélisation du comportement situé d'un agent pédagogique repose sur cette méthodologie générale. La différence principale est que, selon la méthodologie générale, le schéma de codage oriente la collecte de corpus et les concepts sur lesquels sont fondés ce schéma sont fixés à l'avance, en amont de la collecte. Dans notre cas, un travail exploratoire de recueil de données réelles de communication en situation d'apprentissage a servi de préalable à la définition de la plupart des concepts. Etant donné la contextualisation très précise de notre travail (retour de test vers l'élève dans l'environnement Pépite), une partie des concepts sous-jacents à notre étude particulière ne pouvaient pas être déterminés a priori. Ceux-ci ont été extraits à partir du visionnage des vidéos dans un travail préparatoire à la constitution du schéma de codage. Nous allons par la suite détailler les étapes de la méthodologie d'annotation de corpus vidéo sur laquelle se fonde notre méthodologie de recherche.

Etapes de la methodologie

Definir les questions de recherche et les concepts de base
Pour aboutir à des résultats satisfaisants, il faut bien définir les questions de recherche. Leur définition passe par la détermination des concepts et des définitions auxquels elles font référence.

Schema de codage
Un schéma de codage [Bakeman, 2000] est un ensemble de paramètres et d'indicateurs à prendre en compte lors de l'observation des séquences à annoter.

Il contient tous les éléments susceptibles d'apporter des réponses aux questions de recherche. Il est donc lié aux concepts et aux définitions auxquels les questions de recherche font référence. Un schéma de codage est composé de valeurs d'annotation. Une valeur d'annotation est le moyen dont dispose l'annotateur pour décrire son observation d'un événement. Ces valeurs d'annotation peuvent être organisées sous forme d'ensembles ou de groupe d'ensembles. Ces valeurs d'annotations peuvent être exclusives ou pas. La mise au point d'un schéma de codage est une tâche lourde. [Bakeman, 2000] propose de répondre aux questions suivantes avant de mettre au point un schéma de codage : quelles sont les schémas de codage déjà définis dans d'autres études qui sont similaires ou assez proches de l'étude à réaliser ? Est-ce que les valeurs d'annotations de ces schémas sont naturellement définies et clairement structurées ? Les liens entre ces valeurs d'annotation, les questions de recherche et les concepts sous-jacents sont ils remarquables ? Si les réponses à ces questions sont affirmatives, [Bakeman et Deckner, 2004] estiment qu'il y a une forte chance que l'utilisation de ces schémas de codage tels qu'ils sont ou en apportant des modifications aurait un apport positif.

ENREGISTREMENT ET CODAGE DES COMPORTEMENTS
Une fois le schéma de codage défini, l'annotateur dispose des outils méthodologiques nécessaires pour décrire ses observations Une série de questions pratiques et techniques se posent alors. Ces questions sont relatives à la façon dont les annotateurs vont travailler et enregistrer leurs décisions (observations). Réussir à combiner les moyens humains et matériels afin de faire des observations et de les enregistrer est l'objectif de cette étape de la méthode.

[Bakeman et Deckner, 2004] proposent l'enregistrement des séquences des comportements observées en temps réel pour une annotation ultérieure. L'avantage des vidéos est la possibilité d'effectuer des visionnages multiples mais aussi la possibilité de revoir l'événement en ralentissant les mouvements. Les enregistrements peuvent être stockés pour une utilisation ultérieure. Ils peuvent aussi être vus par des différents observateurs et/ou avec des objectifs différents. Par exemple, différents annotateurs peuvent annoter différents comportements enregistrés. Les mêmes séquences peuvent aussi être vues par un même observateur mais dans des temps différents pour qu'il confirme ses observations antérieures ou pour qu'il travaille d'une façon progressive. Les vidéos permettent une observation littérale des comportements, ce que ne permet pas la vision en temps réel. Les outils d'enregistrement sont de plus relativement bon marché, faciles à utiliser et les risques de perte d'information sont minimes.

REPRESENTATION DES DONNEES INITIALES
Quelque soit les outils techniques utilisés pendant l'annotation (outil papier-crayon, enregistrements impliquant des caméras reliées à des ordinateurs portables...), les annotations seront au bout du compte traitées par ordinateur.

L'utilisation d'une approche fondée sur la technologie a souvent beaucoup d'avantages. Plusieurs systèmes informatiques ont été développés à cet effet. Citons par exemple le logiciel Anvil de M. Kipp [Kipp, 2004], le système développé par The James Long Company [Long, 1996], le système Procoder développé par L. Noldus [Noldus et al., 2000] et le système ObsWin développé par N. Martin, C. Oliver et S. Hall [Martin et al, 1999].

D'une manière générale, les systèmes de codage par ordinateur permettent de définir les codes, leur utilisation et leurs caractéristiques. Ces systèmes sauvegardent les codes et le temps associé à ces codes dans des fichiers. Les annotateurs peuvent éditer ces fichiers et les modifier s'ils constatent que les codes initiaux sont erronés. Avec des équipements appropriés, les enregistrements vidéo peuvent être contrôlés à la souris. L'annotateur peut donc sélectionner des épisodes qui lui apparaissent intéressants et les regarder à plusieurs reprises.

Les données annotées sont donc stockées dans des fichiers en vue de leur traitement par ordinateur (calculs statistiques). Des logiciels ont été développés permettent de traiter ces données tels que le logiciel SAS ou le logiciel SPSS mais pour que ces données soient traitées par ces logiciels, elles doivent être organisées suivant des formes exigés par ces logiciels. En fonction des traitements souhaités, il peut être d'autre part nécessaire de développer ses propres programmes d'analyse statistiques.

[Bakeman et Quera, 1995] ont défini un standard d'organisation des données d'annotation pour les rendre partageables. Ce standard est appelé SDIS.

ETUDE DE FIABILITE DES ANNOTATIONS
Les annotations doivent être validées. En d'autres termes, il est nécessaire d'évaluer la fiabilité des décisions prises par un annotateur lors de son annotation. Cette étape de la méthode consiste à vérifier l'application du schéma de codage par l'annotateur et sa prudence lors de la prise de décision. Plusieurs méthodes peuvent être utilisées pour faire cette vérification. S'il y a un standard qui est supposé correct, les annotateurs peuvent comparer leurs observations par rapport à ce standard.

Un ensemble de séquences vidéos est sélectionné pour servir de support à l'étape de validation. Plusieurs annotateurs annotent ces mêmes séquences indépendamment les uns des autres. Une mesure permettant de calculer un coefficient d'accord inter-juge entre différents observateurs est alors appliquée. Il s'agit du coefficient Kappa [Cohen, 1960]. Celui-ci peut être appliqué à une valeur d'annotation isolée, ou bien à un ensemble de valeurs d'annotation. L'accord est considéré comme parfait si la valeur du coefficient est égale à 1. Si l'accord est supérieur à 0.75, il est considéré comme excellent. S'il est compris entre 0.60 et 0.75, il est considéré comme bon. Pour les accords qui sont inferieurs à 0.60, l'accord est insuffisant.

CALCUL STATISTIQUE SUR LES ANNOTATIONS
Les calculs statistiques sur les annotations permettent d'obtenir une vision globale ou détaillée (selon la nature des calculs effectués) des indicateurs étudiés, de leurs occurrences et cooccurrences éventuelles. Cette étape permet donc de définir les éléments constituant les comportements étudiés et en assemblant ces éléments le modèle du comportement sera défini.

CHAPITRE IV : CORPUS VIDEO, CONSTITUTION ET ANNOTATION

1. INTRODUCTION

Habert définit un corpus comme étant « une collection de données langagières qui sont sélectionnées et organisées selon des critères linguistiques et extralinguistiques explicites pour servir d'échantillon d'emplois déterminés d'une langue» [Habert, 2000]. De tels corpus peuvent être textuels, sonores, visuels ou multimédia. Les corpus peuvent être utilisés dans plusieurs domaines : linguistique, linguistique interactionnelle, psychologie ergonomique, sociologie, etc. Un corpus est considéré comme bien formé si certains éléments sont pris en considération lors de sa constitution. Ces critères varient en fonction du domaine étudié.

Un corpus doit atteindre une taille critique pour qu'il soit représentatif [Habert et al., 1998], mais aussi pour que les mesures statistiques soient fiables. Un corpus bien formé doit couvrir une seule langue et plus précisément une seule déclinaison de cette langue. Il est clair que cette condition n'est applicable que sur des corpus à usage linguistique, car par exemple si nous voulons comparer les gestes utilisés par des francophone et ceux utilisés par des anglo-saxons dans une circonstance donnée, nous sommes obligés de collecter des vidéos dans deux langues différentes. Deux autres critères, comme le critère précédent, concernent les corpus linguistiques. Il s'agit de la durée couverte par les textes du corpus et du registre de langage.

Pour les applications informatiques, on distingue les corpus destinés à l'apprentissage des corpus destinés au test [Rastier, 2002]. Les corpus destinés à l'apprentissage sont les corpus destinés à 'étudier des valeurs d'indicateurs (apprendre quelles sont les valeurs de ces indicateurs). Les corpus destinés au test sont les corpus collectés alors que les valeurs des indicateurs sont définies à l'avance, l'objectif de leur constitution étant de valider ou invalider ces valeurs. En aucun cas il ne faut appliquer les résultats ou les modèles tirés d'un corpus d'apprentissage sur le même corpus en guise de test car si les valeurs des indicateurs cherchés sont définies par un corpus le fait de revenir au même corpus pourrait valider que les valeurs attribuées se trouvent bien dans le corpus, ce qui validerait le processus d'annotation mais ne validerait pas le fait que ces valeurs sont les plus adéquates pour les indicateurs étudiés.

La constitution d'un corpus est fonction de l'objectif motivant cette constitution tant au niveau de la situation de collecte qu'au niveau de la collecte elle-même. A l'issue de cette constitution [Bakeman et Deckner, 2004], un corpus peut être considéré comme suffisant pour répondre aux visées de sa constitution ou bien ne pas l'être, ce qui peut entraîner une nouvelle collecte. Sur l'ensemble des séquences filmées, il arrive souvent que la totalité ne soit pas pertinente relativement aux objectifs du corpus. Un filtrage est alors réalisé afin de sélectionner les données destinées à l'annotation. Le filtrage peut être aussi appliqué dans le cas où les moyens d'annotation ne sont pas à la hauteur des données collectées comme par exemple le nombre d'annotateurs ou la durée consacrée au travail d'annotation. D'autres motifs peuvent entrainer le filtrage des données collectées comme par exemple le volume des indicateurs à chercher. Si nous cherchons des centaines d'indicateurs, le volume de données que nous pouvons annoter est différent par rapport au cas où nous ne disposerions que de quelques indicateurs. Les indicateurs que nous utilisons dans le cadre de notre travail sont détaillés dans la section « Schéma de codage ». Nous sommes face à un compromis faisabilité et « fiabilité ». Plus les données annotées sont nombreuses plus les valeurs d'indicateurs se confirment ce qui augmente la fiabilité des valeurs affectées aux indicateurs mais la question de la faisabilité intervient rapidement car il est coûteux d'annoter un nombre important de données.

Dans ce chapitre, nous décrivons la façon dont notre corpus a été collecté et annoté. Nous décrivons la situation de recueil des données, le recueil des données, la sélection des données sur lesquelles nous avons travaillé, le schéma de codage que nous avons mis en place et le travail d'annotation.

2. CONSTITUTION DU CORPUS

LA SITUATION DE RECUEIL DES DONNEES

L'annotation et l'analyse de corpus étant très coûteuse en temps, nous avons, de manière à pouvoir choisir les séquences les plus informatives par rapport à nos questions de recherche, recueilli un nombre de vidéos assez important. Outre cette taille importante de notre corpus, les trois autres critères pour qu'un corpus soit bien formé (voir la partie introductive de ce chapitre) sont vérifiés pour notre corpus. Les entretiens sont tous enregistrés en langue française, dans la même période (la période qui couvre tous les enregistrements est moins de deux mois) et tous les composants (textuels, sonores et visuels) sont enregistrés dans le cadre d'entretiens post-résolution d'exercices de mathématiques pour des élèves de niveau fin troisième début seconde et destiné à être appliqués dans le même cadre.

La situation de communication que nous avons filmée est celle de la communication interpersonnelle entre un enseignant et un élève. L'élève réalise préalablement le test Pépite (qui s'effectue individuellement sur un ordinateur). Le profil cognitif produit par Pépite ainsi que l'ensemble des réponses de l'élève aux exercices sont ensuite imprimés et communiqués à l'enseignant. L'enseignant disposait alors de quelques jours afin d'étudier ces documents et de préparer l'entretien individuel. Au début de chaque entretien, l'enseignante préparait l'élève à la situation d'enregistrement pour qu'il ne soit pas trop tendu et pour diminuer l'influence de la présence des cameras afin que cette présence n'ait pas d'effet sur ses interventions éventuelles. L'objectif de cet entretien est double. Du côté de l'élève l'objectif est de l'aider à surmonter ses difficultés en algèbre et répondre à ses questions ponctuelles en lui expliquant ses fragilités et ses leviers et en lui donnant des conseils pour l'amélioration de son niveau. De notre côté, l'objectif est de collecter un corpus nous permettant de spécifier le comportement d'un futur agent pédagogique à partir de situations réelles.

Nous avons travaillé avec deux enseignantes et huit élèves. Chaque enseignante a établi un bilan avec quatre élèves (pour chaque enseignante deux filles et deux garçons). Huit enregistrements ont donc été réalisés en décembre 2005 et janvier 2006.

L'une des enseignantes (appelée E1) est une enseignante expérimentée de collège mais sans formation spéciale en didactique. E1 est intervenue dans un cadre institutionnel : elle a travaillé dans son collège avec quatre élèves de troisième volontaires en dehors de l'enseignement habituel de Mathématiques. Elle ne connaissait pas les élèves (sauf un). Les séances prévues pour durer une heure n'ont, en fait, duré que 20 à 30 minutes pour des raisons de contraintes scolaires. Après cette séance de travail, aucun suivi n'était prévu. E1 disposait pour l'entretien des copies d'écran de PépiTest avec les réponses des élèves, ainsi que des profils cognitifs établis par Pépite qu'elle avait imprimés. Elle avait préalablement annoté ces documents comme elle l'aurait fait pour une correction de devoir.

L'autre enseignante (appelée E2) est une didacticienne chevronnée très au fait du projet Pépite et de l'analyse didactique sous-jacente. E2 est intervenue à son domicile auprès d'adolescents en classe de seconde qu'elle connaissait. Les séances ont duré une heure et un suivi des élèves était prévu après ce premier diagnostic. E2 disposait aussi des copies d'écran de PépiTest avec les réponses des élèves. Pour le profil cognitif elle utilisait la version logicielle en mettant à profit les possibilités de navigation entre le profil et les réponses de l'élève.

Nous avons décrit ci-dessus les profils des deux enseignantes pour donner une idée globale sur leur expérience qui est dans les deux cas riche en matière d'enseignement. Notre objectif n'est pas d'étudier les variabilités entre les comportements des deux enseignantes. Nous n'avons pas choisi d'enseignant novice car des études précédentes ont montré que les interactions verbales de l'enseignant novice ne favorisent pas vraiment la réflexion et la participation des élèves ni la transmission des savoirs. Les études de [Freedman, 1978][Piéron, 1992] montrent que le contenu informatif du comportement verbal de l'enseignant expérimenté est beaucoup plus riche que celui de l'enseignant novice. Notons cependant que ces deux études portent sur l'enseignement de l'éducation physique.

Pendant le dialogue, les deux enseignantes ont soit annoté elles-mêmes, soit fait annoter par les élèves le document imprimé avec les copies d'écran de Pépite contenant les réponses de l'élève. Dans la suite nous appelons ce document :« document de travail » car c'est l'objet partagé autour duquel la dyade interagit.

Variable	Enseignante E1	Enseignante E2
Expérience d'enseignement	Grande	Grande
Formation en didactique	Non	Grande
Lieu	Institution (collège)	Domicile
Durée	19 à 39 min	1h
Connaissance sur les élèves	Non (sauf un élève)	Oui
Suivi prévu	Non	Oui
Support	Papier : copies d'écran et profils	Papier : copies d'écran Ordinateur : profils

Figure 10 : variables de contexte des enregistrements vidéo pour les deux enseignantes

RECUEIL DES DONNEES

L'enseignante et l'élève sont assis à côté l'un de l'autre, face à une table basse sur laquelle les documents sont disposés. La hauteur de la table est un facteur important. En effet, les deux acteurs doivent garder l'entière liberté de leurs mouvements, au moins en ce qui concerne le haut du corps, ceci afin de ne pas contraindre l'utilisation de différents modes de communication. Cette situation d'entretien fait que l'enseignante et l'élève se positionnent naturellement légèrement tournés l'un vers l'autre. Deux caméras ont été utilisées, l'une positionnée dans l'axe de l'enseignante et l'autre dans l'axe de l'élève, formant un triangle à environ 60 degrés comme représenté par la figure ci-dessous. Chaque caméra enregistre l'ensemble de la scène mais permet de capter efficacement les expressions faciales, le regard ainsi que les gestes et postures de la personne sur laquelle elle est axée. La hauteur des caméras a pu être réglée de manière à pouvoir observer convenablement à la fois les expressions faciales des personnes filmées (y compris lorsque celles-ci regardent les documents imprimés posés sur la table basse) et, avec une précision suffisante, les endroits pointés sur ces documents (lorsqu'un geste déictique vers un document imprimé est utilisé). Cette situation d'enregistrement avait été préalablement mise au point au cours d'entretiens fictifs réalisés avec la participation d'étudiants de l'IUT de Montreuil.

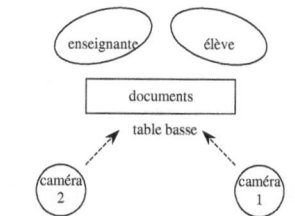

Figure 11 : position des cameras

SELECTION DES DONNEES

Un travail préliminaire de visionnage a été effectué dans le but de repérer a priori, de manière informelle, des épisodes jugés particulièrement riches ou intéressants, d'une part en termes de communication multimodale et, d'autre part, en termes d'actes pédagogiques réalisés par l'enseignante. Ce travail a impliqué des chercheurs qui proviennent de plusieurs disciplines, notamment la didactique des mathématiques, l'informatique et les interfaces homme-machine. Nous avons mis en évidence deux stratégies mises en œuvre par les enseignantes. La première que nous avons appelée « correction » consiste à mettre en évidence une erreur et à la faire corriger par l'élève. La deuxième que nous avons appelée « bilan » consiste à prendre du recul par rapport aux réponses et à réfléchir sur les méthodes de résolutions de l'élève ou sur les mathématiques ou sur l'enseignement des mathématiques. Notons que les parties correction et bilan ne sont pas nettement distinctes mais s'entrecroisent.

Cette dernière stratégie qui s'appuie sur un discours méta de l'enseignant nous a semblé intéressante à étudier tant du point de vue didactique que du point de vue de l'expression multimodale et des émotions. En effet c'est la partie où le visionnage a priori donne une grande impression d'empathie de l'enseignante envers l'élève, en particulier exprimée par son regard. Nous nous sommes donc dans un premier temps centrés sur cet aspect.

Les vidéos concernant les élèves #02, #03 et #04 ont été sélectionnées en fonction de leur pertinence pour l'étude du comportement non verbal pour faire l'objet d'un travail d'analyse détaillée. Ces trois vidéos comprennent au total 39 parties bilan. La durée totale de ces parties bilan étant de 54 minutes 21 secondes, comme le montre le tableau ci-dessous. Le retour pour ces trois élèves a été fait par la même enseignante.

élève	Durée totale de la vidéo	Nombre de parties bilan	Durée totale des parties bilan	Profil de l'élève	« Niveau de l'élève »
#02	47'59	9	18'18	UA3 T3 CA3	faible
#03	61'44	15	18'01	UA3 T1 CA3	moyen
#04	49'56	15	18'02	UA2 T1 CA3	fort
TOTAL			54'21		

Figure 12 : Parties bilan pour les vidéos sélectionnées avec l'enseignante E2 et stéréotype des élèves (UA2 T1 CA3 signifie, niveau 2/3 pour l'usage de l'algèbre, niveau1/3 pour la traduction entre représentations et niveau ¾ pour le calcul algébrique)

3. SCHEMA DE CODAGE

INTRODUCTION
Comme toute approche expérimentale, une approche fondée sur l'étude de corpus commence par l'identification d'une ou plusieurs questions théoriques auxquelles on souhaite apporter des réponses. Comme nous l'avons abordé au chapitre 3, ces questions et objectifs théoriques ainsi que l'étude des travaux

existants doivent diriger la collecte de données vidéo et la constitution du schéma de codage.

Nous avons constitué un schéma de codage multi-niveaux à partir du corpus collecté et des éléments théoriques provenant de la littérature. Ce schéma a été retouché et validé par une équipe de chercheurs qui relèvent de plusieurs disciplines, notamment la linguistique, la didactique et l'informatique.

TAXONOMIES EXISTANTES

De nombreuses taxonomies pour annoter manuellement des comportements observés ont été développées à différents niveaux, depuis les signes physiques dans différentes modalités jusqu'à des niveaux plus subjectifs liés à l'interprétation des messages par exemple liés aux actes de dialogues ou aux émotions [Bakeman et Gottman, 1997][Poggi, 2002][Harrigan et al., 2005][Martin et al., 2006].

Isabella Poggi, par exemple, définit un comportement par :

1) le groupe de fonctions communicatives auxquelles il appartient (par exemple gérer les tours de parole),

2) le sens de ce comportement dans ce groupe de fonctions communicative (« donner le tour de parole »),

3) le signal ou les signaux associé(s) (regarder son interlocuteur, hausser les sourcils, arrêter de parler, ...).

La plupart des schémas de codage existants intègrent d'une part des éléments provenant d'études théoriques en particulier en sciences cognitives, en psychologie ou bien en sciences de l'éducation, et d'autre part des éléments directement liés à une situation expérimentale donnée. Citons par exemple pour les gestes [Kipp, 2004], les actes de dialogues avec DAMSL [Core et Allen, 1997], l'expression multimodale d'émotions complexes [Martin et al., 2005] et les fonctions communicatives liées aux différentes phases de discours des enseignants dans le domaine des Mathématiques [Pariès, 2004].

Avant d'aborder la mise au point de notre propre schéma de codage, nous discutons ci-dessous la taxonomie de Pariès et le schéma DAMSL dont les domaines d'application recoupent le nôtre.

Les travaux de Pariès portent sur la communication de l'enseignant en classe. Ils sont donc différents des nôtres dans la mesure où nous nous intéressons à la communication entre deux personnes (enseignant-apprenant) et non pas à la communication entre une personne et un groupe de personnes (l'enseignant et ses élèves). Ces travaux nous intéressent néanmoins car la plupart des fonctions du discours définies par Pariès restent pertinentes dans le contexte qui est le notre. Pariès distingue deux types de fonctions dans le discours de l'enseignant : les fonctions cognitives et les fonctions non cognitives. Les fonctions cognitives ont un rapport avec la tâche à résoudre et le savoir mathématique. Les fonctions cognitives mentionnées par Pariès sont : Distribution de tâches, Introduction d'une sous-tâche, Bilan, Evaluation, Justification, Structuration. Les fonctions non cognitives sont indépendantes de la tâche dans leur formulation même si elles peuvent avoir un effet quant à la résolution. Dans cette catégorie de fonction, Pariès classe les fonctions suivantes : Engagement dans la tâche, Mobilisation de l'attention des élèves, Encouragement, Mutualisation de la réponse de l'élève. La figure 13 décrit ces dix fonctions cognitives et non cognitives.

La taxonomie de Pariès a été développé en utilisant un corpus de six séances enregistrées dans quatre classes différentes de cinquième de différents collèges franciliens, d'une classe de remise à niveau en sixième et pendant une leçon particulière en classe de quatrième [Pariès, 2004].

Distribution des tâches : cette fonction indique à l'élève ce qu'il doit faire par exemple : « Qu'est-ce qu'on dit dans ce petit exercice ? »

Introduction d'une sous-tâche : cette fonction simplifie la résolution d'une tâche en la fractionnant. Elle est le plus souvent exprimée par une suite de questions.

Bilan : cette fonction permet à l'enseignant de donner la réponse attendue ou une partie de cette réponse.

Justification : cette fonction est associée à la donnée ou à la demande d'une preuve.

Structuration : cette fonction explicite la séquentialité de l'action. Elle peut concerner la place de l'exercice dans les mathématiques fréquentées par la classe, l'organisation générale de la séance où celle de la résolution d'une tâche précise.

Evaluation : cette fonction exprime l'acceptation, le doute, le rejet d'une proposition des élèves. Elle permet aussi à l'enseignant de donner son sentiment par rapport à l'état du travail des élèves. Elle peut renvoyer à l'évaluation des élèves.

Engagement : cette fonction incite les élèves à exécuter une tâche ou à entrer dans un raisonnement. Elle s'exprime à l'aide d'une phrase ou d'un prénom.

Mobilisation de l'attention des élèves : cette fonction permet à l'enseignant de gérer le bruit ou d'attirer l'attention des élèves.

Encouragement : cette fonction indique aux élèves que la tâche est à leur portée ou qu'ils ont réussi.

Mutualisation de la réponse des élèves : cette fonction permet à l'enseignant de faire partager la réponse d'un élève à tous en la répétant.

Figure 13 : taxonomie des fonctions du discours d'un enseignant en classe [Pariès, 2004]

Dans cette taxonomie, plusieurs fonctions ne seront pas transposables à notre étude car le contexte est différent. La communication entre un enseignant et une classe est différente de la communication entre un enseignant et une élève. C'est ainsi que des fonctions comme « Mobilisation de l'attention des élève » qui permet de gérer le bruit dans une classe et la fonction « Mutualisation de la réponse des élèves » qui permet de faire partager la réponse d'un élève à tous en la répétant, ne sont pas pertinentes dans notre situation.

Une autre taxonomie a attiré notre attention et nous la détaillons par la suite. Il s'agit de DAMSL qui a été proposée par Core et Allen [Core et Allen, 1997]. La première version de DAMSL a été développée à l'aide du corpus TRAINS qui rassemble des dialogues oraux entre deux participants collaborant pour résoudre une tâche de planification. Ce corpus comporte 18 dialogues pour 1524 énoncés annotés par deux personnes. Ce projet a ensuite servi de base pour d'autres corpus tels COCONUT [Eugenio et al., 1998], Monroe [Stent, 2000] et SWBD [Jurafsky et al., 1997].

DAMSL comporte quatre dimensions principales d'annotation (cf. Figure 14) :

Communicative status : spécifie si l'énoncé est compréhensible et s'il a été terminé et si l'orateur paraît capable de transmettre ce qu'il voulait dire. Par exemple, un énoncé peut être annoté comme « self-talk » (cf. figure 14), ce qui signifie que l'orateur paraît incapable de transmettre l'information formulée.

Information-level : représente la portée sémantique de l'énoncé. Dans cette catégorie, quatre types d'énoncés peuvent être classés : les énoncés qui s'intéressent à la réalisation d'une tâche, ceux qui parlent de la gestion d'une tâche et ceux qui s'intéressent à la gestion de la communication. Le quatrième type regroupe les énoncés qui ne font pas partie des trois premiers types.

Forward looking functions : définit la façon dont l'énoncé va influencer le discours, le contexte, les actions des locuteurs. Dans cette catégorie sont classés les propos tenus par le locuteur concernant les prochaines actions à effectuer, les effets de l'énoncé sur la suite de la conversation et les énoncés contenant des requêtes.

Backward looking functions : indique le rapport entre l'énoncé et les énoncés précédents du discours. Par exemple un énoncé pourrait avoir comme objectif de répondre, accepter, refuser, corriger un discours précédent. Pour ce faire il est nécessaire de préciser le type de fonction que contient l'énoncé et la partie précédente du discours à laquelle l'énoncé fait référence.

Communicative status	Information level	Forward looking functions	Backward looking functions

- Uninterpretable
- Abandonned
- Self-talk
	- Task
	- Task-management
	- Communication-management
	- Other
		– Statement
		  – Assert
		  – Reassert
		  – Other-statement
		– Info-Request
		– Influence-on-listener
		  – Open-option
		  – Action-directive
		– Influence-on-speaker
		  – Offer
		  – Commit
		– Conventional
		  – Opening
		  – Closing
		– Explicit-performative
		– Exclamation
		
		– Other-forward-function
			– Agreement
			  – Accept
			  – Accept-part
			  – Maybe
			  – Reject-part
			  – Reject
			  – Hold
			– Understanding
			  – Signal-non-understanding
			  – Signal-understanding
			  – Acknowledge
			  – Repeat-rephrase
			  – Completion
			  – Correct-misspeaking
			– Answer
			– Information-Relation
			
			– Antecedents

Figure 14 : les fonctions de la taxonomie DAMSL

Ces différentes catégories ne sont pas mutuellement exclusives.

DEFINITION D'UN SCHEMA D'ANNOTATION MULTI-NIVEAUX

[Austin, 1962] distingue deux grands types d'énoncés d'un locuteur : les actes locutoires et les actes illocutoires. Par les actes locutoires, il désigne ce qui est dit par le locuteur, c'est-à-dire le fait de produire des sons. Il définit l'acte illocutoire par l'acte social réalisé en produisant un énoncé (produire une promesse, une demande, une affirmation…). Ces travaux ont été poursuivis par des linguistes tels que [Searle, 1969] qui proposent quatre types d'actes (acte d'énonciation, acte propositionnel, acte perlocutoire et acte illocutoire) ou [Searle et Vanderveken, 1985] qui mentionnent cinq fonctions différentes aux actes de langage (les assertifs, les directifs, les promissifs, les expressifs et les déclarations). Dans le cadre de cette thèse, nous n'utilisons que le premier niveau d'analyse apporté par Austin. Nous nous intéressons aux actes illocutoires représentés par l'intention du locuteur, en l'occurrence, l'enseignant.

En tenant compte des travaux existants cités précédemment, et de la situation particulière qui est l'objet de notre étude, nous avons développé un schéma d'annotation multi-niveaux. Notre schéma se compose de cinq niveaux principaux (cf. Figure 15) : l'intention exprimée par l'enseignant, les moyens utilisés par l'enseignant pour exprimer cette intention, les stratégies utilisées par l'enseignant, les paramètres affectifs et la direction du regard. Nous allons détailler par la suite ces différents niveaux.

Intention	Animation
	Information
	Evaluation
Moyens	Linguistiques
	Autres moyens
Stratégies	
Paramètres affectifs	
Direction du regard	

Figure 15 : Structure générale du schéma de codage

INTENTION

Dans ce niveau du schéma d'annotation, nous plaçons les buts illocutoires de l'enseignant. [Dabene, 1984] distingue trois intentions du discours de l'enseignant. Ces intentions sont : l'information, l'évaluation et l'animation. Nous avons repéré ces intentions dans le corpus que nous avons collecté. Les valeurs d'annotation de cette catégorie sont réparties entre ces trois types d'intention. Nous nous inspirons aussi de la division faite par Pariès en deux types de fonctions : fonctions cognitives et non cognitives. Nous classons parmi les fonctions non cognitives ce qui est relatif à l'animation. Pour les fonctions cognitives nous classons tout ce qui est relatif à l'information et à l'évaluation.

Tous les niveaux de catégorisation de DAMSL sont présents dans la catégorie intention. La partie Animer est très proche du niveau « Information-level » de DAMSL et plus précisément de la sous catégorie « Communication-management ». D'autres niveaux de DAMSL sont aussi présents. Il s'agit de « Forward looking functions » et de « Backward looking functions » car certaines de nos fonctions font référence à des fonctions liées aux parties précédentes du discours (par exemple « justifier les raisons ») et à d'autres fonctions influençant la suite de la conversation (par exemple « demander de faire »). Le quatrième niveau de DAMSL (Communicative status) est aussi présent dans la valeur d'annotation « interrompre une étape »), notamment avec sa valeur « Abandonned ». Pour les parties évaluer et informer, le niveau DAMSL le plus approprié est celui de l' « information-level » dans ses parties « Task » et « Task-management ».

Animation
Les valeurs d'annotation qui se situent dans cette catégorie sont :

- *Demander de faire :* pour cette valeur nous annotons les demandes de l'enseignant à l'élève. Nous ne distinguons pas si la demande est passée pour la première fois ou s'il s'agit d'une répétition. Une demande peut avoir pour objectif d'accomplir une tâche, de traiter un exercice, de corriger une erreur, de résumer une partie de la séance ou toute la séance, de reformuler, de donner une explication ...etc.

- *Justifier (donner des raisons)* : nous annotons par cette valeur toute forme de justification. L'enseignant peut justifier un choix, une hypothèse, l'origine d'une incompréhension, une erreur de l'élève, un travail non accompli, etc.

- *Etablir/maintenir la relation de communication :* pour garder un aspect communicatif et pour rendre l'apprenant acteur actif dans la séance, l'enseignant réactive régulièrement l'attention de l'élève

- *Rétablir la confiance après déstabilisation :* en entendant l'exposition de ses points faibles ou de ses difficultés, l'apprenant peut se déstabiliser et perdre confiance en lui. L'enseignant intervient alors pour rétablir cette confiance. Cela peut se faire en essayant de remotiver l'apprenant ou en rappelant ses points forts.

- *Enrôler l'apprenant / Impliquer l'apprenant dans le travail* : l'enseignant essaie toujours de rendre l'élève acteur de son apprentissage. Ce mécanisme génère de la motivation chez l'élève et permet à l'enseignant de ne pas monopoliser le discours. Il permet aussi à l'élève d'avancer des propositions et de commenter son travail.

- *Introduire une étape :* pour chaque partie de la séance, l'enseignant produit un discours introductif. Cela a pour effet d'orienter l'apprenant et de poser un repère de discussion. Différents niveaux de granularité sont possibles : il peut s'agir d'introduire le traitement d'un exercice, d'introduire la discussion autour d'un point fort ou d'un point faible, etc.

- *Interrompre une étape :* l'enseignant remarque qu'un autre élément est prioritaire pour l'apprenant ou pour la cohérence de la présentation et c'est ainsi qu'il interrompt l'étape en cours. L'interruption peut être produite aussi par l'apprenant : par exemple en posant une question qui génère une digression dans le discours de l'enseignant.

- *Reprendre une étape interrompue* : après avoir terminé la présentation de l'élément qui a causé l'interruption de l'étape, l'enseignant revient pour continuer la partie restante (par exemple : reprendre la présentation du bilan).

- *Envisager une étape* : dire que celle-ci aura lieu plus tard dans la séance.

- *Fixer un objectif général :* l'enseignant vise un objectif à atteindre. Il peut s'agir d'une méthode à appliquer par l'apprenant, d'une connaissance à acquérir, d'un savoir faire etc. Par cette valeur nous annotons les moments où l'enseignant désigne à l'apprenant cet objectif.

- *Fixer un objectif local* (pour une partie de la séance) : l'enseignant peut viser un objectif local, c'est-à-dire l'objectif d'une partie de la séance, par exemple, montrer à l'apprenant qu'une démarche n'est pas appropriée.

Animation
Demander De Faire (DDF)
Justifier Les Raisons (JLR)
Etablir/Maintenir La Relation De Communication (EMLRDC)
Rétablir La Confiance Après Déstabilisation (RLCAD)
Enrôler L'Apprenant (ELA)
Introduire Une Etape (IUE)
Interrompre Une Etape (IUE1)
Reprendre Une Etape Interrompue (RUEI)
Envisager Une Etape (EUE)
Fixer Un Objectif Général (FUOG)
Fixer Un Objectif Local (FUOL)

Figure 16 : tableau récapitulatif des valeurs d'annotation de la catégorie Animation

Information

Cette catégorie regroupe les informations transmises de l'enseignant vers l'apprenant. Plusieurs types de contenus sont concernés : mathématique, didactique, compétences de l'apprenant, diagnostic. Les valeurs d'annotation qui se situent dans cette catégorie sont :

- *Informer :* pour cette valeur nous annotons les situations où l'enseignant donne une information. Par exemple, une information peut être donnée sur un exercice, son niveau de difficulté ou son bien importance. Elle peut être donnée sur la façon dont le bilan est organisé, etc.

- *Justifier les raisons :* l'enseignant justifie les raisons pour lesquelles l'élève a commis une erreur par exemple ou celles pour lesquelles il n'a pas répondu à une question. Ces raisons peuvent intervenir pour trouver des excuses afin de garder de la motivation.

- *Faire référence à une partie précédente :* nous annotons par cette valeur tout rappel par l'enseignant de ce qui a été fait précédemment pendant la séance. Nous annotons donc tout recours à un savoir faire (le fait de rappeler à l'élève un travail précédent), tout recours à une discussion précédente, la mise en liaison de parties de la séance et le fait de dire qu'un élément a été abordé.

- *Faire référence à une connaissance du domaine :* pour expliquer une connaissance, l'enseignant peut rappeler à l'élève une connaissance similaire ou contradictoire déjà acquise.

- *Faire référence aux présupposés sur l'enseignement reçu* (programme, organisation habituelle de l'enseignement) : il arrive que l'enseignant soit surpris du fait qu'une connaissance ne soit pas encore acquise par un élève à ce niveau scolaire ou du fait qu'un élève soit en avance par rapport au niveau attendu à ce niveau. Dans ce cas il fait référence aux présupposés sur l'enseignement reçu.

- *Articuler deux étapes :* l'enseignant fait liaison entre deux étapes pour faciliter la compréhension de l'apprenant et pour lui rappeler une étape précédente ou envisager une étape suivante.

- *Renoncer à un discours précédent :* lorsque l'enseignant donne des informations à l'apprenant sur son travail, il arrive qu'il se trompe en lui disant par exemple : « tu as bien fait telle chose » avant de remarquer sur le support qu'il ne l'a pas faite correctement. Il renonce donc à son discours en donnant l'information correcte.

- *Donner un résultat qualitatif :* nous annotons par cette valeur tout résultat non numérique donné à l'apprenant. Par exemple le fait de dire « tu maîtrises bien la factorisation » est un résultat qualitatif.

- *Donner un résultat quantitatif :* par cette valeur nous annotons tout résultat numérique donné à l'apprenant. Il s'agit notamment d'un taux. Ce résultat peut exprimer une réussite : le résultat général du test ou un taux de réussite partiel. Il peut exprimer aussi un nombre d'exercices traités : taux général ou partiel d'exercices traités.

- *Informer l'apprenant de ses difficultés :* nous annotons par cette valeur les moments où l'enseignant expose à l'élève une ou plusieurs de ses difficultés.

- *Présenter les points forts de l'apprenant :* par cette valeur nous annotons les moments où l'enseignant présente à l'apprenant les éléments qu'il maîtrise.

- *Présenter les points faibles de l'apprenant :* par cette valeur nous annotons les moments où l'enseignant expose à l'apprenant ses lacunes.

- *Signaler une connaissance non mobilisée :* l'apprenant peut posséder certaines connaissances sans pour autant être capable de les utiliser. Les moments où l'enseignant signale à l'apprenant l'une de ces connaissances sont annotés par cette valeur.

- *Signaler des parties non traitées par l'apprenant :* il arrive que l'apprenant ne traite pas la totalité des exercices, par oubli, incompréhension de l'énoncé ou tout simplement par non savoir faire.

- *Signaler un point à travailler :* nous annotons par cette valeur les moments où l'enseignant désigne à l'élève un point non acquis ou partiellement acquis.

- *Signaler un levier :* par cette valeur nous annotons les moments où l'enseignant signale à l'apprenant des qualités qui lui permettent d'avancer sur un axe d'apprentissage.

- *Signaler l'utilisation d'une connaissance du domaine :* nous annotons par cette valeur les moments où l'enseignant fait remarquer à l'élève qu'il a utilisé une connaissance. Cela permet à l'apprenant de se rappeler le motif d'utilisation de cette connaissance et la circonstance, ce qui l'aide à mieux s'approprier cette connaissance et son utilisation.

Information
Informer
Justifier Les Raisons (JLR)
Recommander/Conseiller
Insister
Signaler Un Malentendu (SUM)
Référence A Une Partie Précédente (RAUPP)
Référence A Une Connaissance Didactique (RAUCD)
Référence Aux Présupposés Sur L'Enseignement Reçu (RAPSLER)
Articuler Deux Etapes (ADP)
Renoncer
Donner Un Résultat Quantitatif (DURQ)
Donner Un Résultat Qualitatif (DURQ1)
Informer L'Apprenant De Ses Difficultés (ILADSD)
Présenter Les Points Forts De L'Apprenant (PLPFDLA)
Présenter Les Points Faibles De L'Apprenant (PLFDLA)
Signaler Une Connaissance Non Mobilisée (SUCNM)
Signaler Des Parties Non Traitées Par L'Apprenant (SDPNTPLA)
Signaler Un Point A Travailler (SUPAT)
Signaler Un Levier (SUL)
Signaler L'Utilisation D'Une Connaissance Didactique (SLDUCD)
Informer Sur L'Interface/Utilisation Du Logiciel (ISLIUDL)

Figure 17 : récapitulatif des valeurs d'annotation de la catégorie Information

- *Informer sur l'interface/utilisation du logiciel :* A certains moments où l'enseignant explique à l'apprenant la façon dont le bilan est organisé sur l'écran de l'ordinateur. Quelles sont les parties mises en gras, en italique par exemple. Cela lui permet de mieux comprendre la fiche technique produite par Pépite. Cela confirme le discours de l'enseignant et rassure ainsi l'apprenant. De plus, cela diversifie la présentation du bilan (ajout d'un nouveau média à la présentation).

- *Informer sur le fonctionnement du logiciel :* cette valeur annote les moments où l'enseignant informe l'apprenant sur la façon dont le logiciel fonctionne par exemple comment voir les détails des résultats d'un axe d'évaluation.

Evaluation

La fonction Evaluation est présente dans la taxonomie de Pariès. Cette catégorie n'est cependant pas détaillée en sous catégories dans ses travaux. Nous considérons les valeurs d'annotation suivantes :

- *Valider :* par cette valeur nous annotons les moments où l'enseignant approuve un travail de l'apprenant. Il peut s'agir de valider le contenu d'un discours de l'apprenant (par exemple valider une difficulté citée par l'élève) ou de juger ses traces (valider l'acquisition d'une connaissance, valider une démarche entamée par l'élève, etc.)
- *Invalider :* nous annotons par cette valeur les moments où l'enseignant signale à l'élève un travail, un savoir ou un savoir faire incorrect (signaler qu'une démarche n'est pas correcte, signaler une connaissance non acquise, etc.)
- *Signaler une incomplétude de réponse :* il arrive que l'apprenant commence une réponse et ne la termine pas. Plusieurs raisons sont susceptibles d'engendrer cela : entre autres, le fait que l'apprenant ne soit pas sûr de sa réponse ou le fait qu'il ne dispose pas des éléments didactiques nécessaires pour répondre, etc.
- *Signaler une erreur :* par cette valeur nous annotons les moments où l'enseignant signale à l'apprenant une erreur. Ces moments sont particulièrement importants car ils sont en général accompagnés d'autres actes communicatifs et pédagogiques, notamment la motivation. En effet, en signalant l'erreur l'enseignant doit prendre garde à ne pas décourager l'apprenant.

Les annotations suivantes sont classées dans cette catégorie si elles concernent un exercice précis, sinon elles font partie de la catégorie précédente :

- *Signaler le traitement incorrect d'une question :* il arrive que l'apprenant traite des exercices d'une façon incorrecte. Ce traitement peut être dû à la non maîtrise d'un savoir ou d'un savoir faire. Nous annotons par cette valeur les moments où l'enseignant signale à l'apprenant ces traitements. Sur la base de ces traitements, l'enseignant met en évidence des fragilités des connaissances de l'élève.

- *Signaler le traitement correct d'une question :* l'enseignant expose à l'apprenant les traitements corrects qu'il a fait (les réponses et les démarches correctes qu'il a entamées). Sur la base de ces traitements, l'enseignant valide l'acquisition d'une connaissance (valeur d'annotation valider précédemment décrite).

Evaluation
Valider
Invalider
Signaler Une Incomplétude De Réponse (SUIDR)
Signaler Une Erreur (SUE)
Signaler Un Traitement Correct (SUTC)
Signaler Un Traitement Incorrect (SUTI)
Signaler Un Traitement Correct D'Une Question Précédemment Non Réussie (SUCDUQPNR)
Signaler Une Incohérence/Contradiction (SUIC)

Figure 18 : tableau récapitulatif des valeurs d'annotation de la catégorie Evaluation

- *Signaler le traitement correct d'une question précédemment non réussie :* l'enseignant peut ainsi faire remarquer à l'élève une évolution positive de ses compétences. Cette valeur est intéressante car elle permet à l'enseignant de favoriser l'une de ses hypothèses concernant la non acquisition d'un savoir ou d'un savoir faire, par exemple l'hypothèse d'incompréhension de l'énoncé.

- *Signaler une incohérence, contradiction :* par cette valeur nous annotons les moments où l'enseignant signale à l'apprenant une contradiction dans ses réponses ou une incohérence de sa démarche.

MOYENS LINGUISTIQUES OU AUTRES
Dans ce niveau du schéma d'annotation, nous classons les moyens utilisés par l'enseignant pour exprimer une intention. Il s'agit essentiellement de moyens linguistiques mais aussi d'autres moyens que nous avons repérés dans le corpus. Les valeurs d'annotations classées à ce niveau recoupent trois niveaux de la taxonomie DAMSL. Certaines valeurs peuvent influencer la continuité de la conversation (par exemple « poser une question ») et c'est ainsi qu'elles recoupent le niveau « Forward looking functions ». D'autres font référence à des parties précédentes (par exemple, la valeur d'annotation « résumer ») et recoupent ainsi le niveau « Backward looking functions ». Certaines valeurs concernent la gestion de la tâche et la tâche elle-même (par exemple « lire une partie d'un support » et « focalisation sur un support pédagogique ») et la gestion de la communication (par exemple, la valeur d'annotation « faire de l'humour ». Celles-ci recoupent le niveau « information-level » de DAMSL.

Moyens linguistiques
Les valeurs d'annotation classées dans cette sous catégorie sont :

- *Poser une question :* pour cette valeur nous annotons toute forme de question sans distinguer s'il s'agit d'une question qui concerne le domaine enseigné ou bien le déroulement de la séance, si cette question est posée pour la première fois ou bien à nouveau, etc.

- *Expliquer :* nous annotons par cette valeur les moments où l'enseignant donne une explication à l'élève. Cette explication n'est pas forcement à caractère pédagogique ou didactique. Il peut s'agir par exemple d'expliquer un terme organisationnel ou de détailler un axe d'évaluation. Quant à l'explication à caractère pédagogique ou didactique, elle peut s'appliquer à de nombreux objets : expliquer un objectif, une question non traitée, une erreur de l'élève. Nous annotons par cette valeur l'explicitation et nous ne mentionnons pas s'il s'agit d'une explication répétée ou si celle-ci est donnée pour la première fois. Nous ne distinguons pas non plus la méthode d'explication (explication par l'exemple, par reformulation, etc).

- *Compléter :* nous annotons ici les moments où l'enseignant complète un discours de l'élève ou une partie de son travail (ex : compléter un raisonnement de l'apprenant...)
- *Commenter :* nous annotons ici les moments où l'enseignant donne un commentaire. Il peut commenter un taux de réussite, une partie de l'évaluation.
- *Résumer :* par cette valeur nous annotons les moments où l'enseignant résume un discours, une partie de la séance ou toute la séance.
- *Faire de l'humour :* pour faciliter la compréhension, l'enseignant a parfois recours à l'humour.
- *Lire une partie d'un support :* l'enseignant lit une partie d'un support pour rappeler à l'élève l'énoncé d'un exercice, pour lui passer un résultat marqué sur le support ou pour se rappeler lui-même une donnée sur l'élève.

Moyens Linguistiques
Poser Une Question (PUQ)
Expliquer
Compléter
Commenter
Résumer
Faire De L'Humour (FDLH)

Figure 19 : Récapitulatif des valeurs d'annotation de la catégorie Moyens Linguistiques

Autres moyens

Dans cette sous catégorie les annotations suivantes sont classées :

- *Passer le crayon à l'apprenant :* cette valeur marque la limite de la partie bilan dans les vidéos. En général l'enseignant passe le crayon à l'élève après avoir lui demandé d'accomplir une tâche.

- *Repérer un élément sur un support :* cette valeur marque en général la transition entre deux parties du bilan. Par exemple, l'enseignant repère un élément sur un support alors qu'il était en train d'expliquer une autre chose ce qui entraîne l'interruption d'une étape. L'enseignant peut aussi continuer son discours le temps de chercher sur le support et de repérer un élément, il interrompt alors son discours ; s'il était silencieux le temps de la recherche, cela marque la fin de la période de silence. Nous ne distinguons pas ici si l'élément est repéré soudain ou après une recherche.

- *Focalisation sur un support pédagogique :* par cette valeur nous annotons le changement de support et la concentration sur un support pédagogique Dans Pépite, les supports possibles sont : traces de l'élève (énoncés + réponses aux exercices) et fiche de bilan.

- *Continuer le discours le temps de chercher sur le support :* c'est une façon de maintenir la relation de communication. Nous l'avons distingué ici car il présente un aspect complémentaire d'utilisation des supports

Autres Moyens
Passer Le Crayon A L'Apprenant (PLCALA)
Lire Une Partie D'Un Support (LUPDUS)
Repérer Un Elément Sur Un Support (RUESUS)
Focalisation Sur Un Support Pédagogique (FSUSP)
Continuer Le Discours Le Temps De Chercher Sur Le Support (CLDLTDCSLS)

Figure 20 : Récapitulatif des valeurs d'annotation de la catégorie Autres Moyens

STRATEGIES

Nous plaçons dans cette catégorie toutes les stratégies mises en œuvre par l'enseignant pour atteindre un objectif donné. Les valeurs d'annotations placées ici recoupent plusieurs niveaux de DAMSL. En particulier le niveau des fonctions « Forward looking functions » (par exemple, l'incitation influence la continuité de la conversation) et « Backward looking functions » (par exemple, la valeur d'annotation « corriger une erreur » qui fait référence au passé de l'apprentissage) et l' « information-level » dans sa partie liée à la gestion de la tâche et à la tâche elle-même. Nous signalons aussi la ressemblance entre la fonction « Introduction d'une sous tâche » de la taxonomie de Pariès et la valeur d'annotation « découper une question complexe en sous question » de ce niveau de notre schéma d'annotation.

Les valeurs d'annotation classées dans cette catégorie sont :

- *Inciter à découvrir une erreur :* afin que l'élève comprenne son erreur, l'enseignant le pousse à la découvrir par lui-même.

- *Inciter à découvrir une réponse correcte :* l'enseignant peut ainsi essayer de déterminer si l'apprenant est convaincu par sa réponse ou s'il s'agissait d'un hasard. Il peut s'agir aussi de maintenir la relation de communication.

- *Inciter à utiliser une autre méthode :* il peut y avoir plusieurs raisons à cela. Par exemple, parce que la méthode que l'apprenant est en train d'utiliser ne débouche pas sur le résultat cherché, ou que celle-ci n'est pas pertinente, ou bien pour que l'apprenant acquiert une nouvelle méthode (ou se perfectionne).

- *Déstabiliser une conception erronée :* lorsque l'apprenant possède une vision restreinte d'un objet du domaine ou d'une méthode, ou bien possède une conception erronée, l'enseignant peut essayer de lui faire prendre conscience de son erreur de plusieurs façons. Il peut par exemple mettre en évidence une contradiction avec quelque chose de trivial ou de prouvé précédemment.

- *Repérer une difficulté de l'apprenant :* à travers les traces de l'apprenant ou son discours, l'enseignant remarque les difficultés de l'apprenant. Il peut les citer immédiatement ou les garder pour plus tard. Le repérage de ces difficultés remarquable à travers la consultation des vidéos est annoté par cette valeur.

- *Corriger une erreur :* l'enseignant corrige une erreur de l'élève pour lui montrer comment procéder et quelle est la réponse correcte. Cela intervient en général après lui avoir demandé de découvrir l'erreur et de la corriger ensuite

- *Remédier à une difficulté :* l'un des objectifs des séances est de remédier aux difficultés de l'apprenant. Evidemment, cette étape ne peut avoir lieu qu'après le repérage d'une difficulté.

- *Proposer un exercice :* l'enseignant propose un exercice à l'apprenant lorsqu'il le juge nécessaire. Les causes ne sont pas toujours les mêmes : manque d'entraînement, lui faire découvrir une idée nouvelle, etc.

Stratégies
Inciter A Découvrir Une Erreur (IADUE)
Inciter A Découvrir Une Réponse Correcte (IADURC)
Inciter A Utiliser Une Autre Méthode (IAUUAM)
Déstabiliser Une Conception Erronée (DUCE)
Repérer Une Difficulté De L'Apprenant (RUDDLA)
Corriger Une Erreur (CUE)
Remédier A Une Difficulté (RAUD)
Proposer Un Exercice (PUE)
Faire Un Rappel
Faire Un Pas De Côté (FUPDC)
Vérifier
S'Assurer D'Avoir Compris Ce Que L'Apprenant Voulait Dire (SADACCQLAVD)
Informer D'Un Succès Pour Questionner D'Une Difficulté (IDUSPQDUD)
Découper Une Question Complexe En Sous Questions (DUQCESQ)

Figure 21 : récapitulatif des valeurs d'annotation de la catégorie Stratégies

- *Faire un rappel :* par exemple l'enseignant peut rappeler à l'apprenant un élément de connaissance, l'énoncé d'un exercice, une façon de faire, un événement qui touche son apprentissage.

73

- *Faire un pas de côté :* l'enseignant fait un pas à côté pour aider l'apprenant à comprendre ce qu'il veut lui transmettre. Il peut s'agir d'un exemple, d'un contre-exemple ou d'une illustration. Cela s'utilise entre autres pour invalider une connaissance.

- *Vérifier :* l'enseignant a besoin en permanence d'évaluer la compréhension que l'apprenant a du message qu'il lui transmet. De plus, il a besoin de savoir si telle connaissance a été bien, peu ou pas du tout acquise. Il a aussi besoin de savoir à quel point l'apprenant est conscient de ses erreurs. La méthode la plus directe pour vérifier est de poser une question à l'apprenant.

- *S'assurer d'avoir compris ce que l'apprenant voulait dire :* l'enseignant peut par exemple demander à l'apprenant de reformuler, ou bien il reformule lui-même et demande à l'apprenant de valider cette reformulation.

- *Informer d'un succès pour questionner une difficulté :* l'enseignant peut avoir besoin de faire référence à un succès pour mettre en évidence une difficulté. Outre l'aspect motivationnel, il y a la liaison didactique entre les connaissances (la similarité ou les points de divergence...)

- *Découper une question complexe en sous questions :* cela est nécessaire pour rendre l'explication plus facile en se focalisant sur des questions plus simples.

PARAMETRES AFFECTIFS

A ce niveau du schéma d'annotation, nous classons les paramètres affectifs constatés dans le corpus. Nous signalons que ce niveau du schéma recoupe le schéma DAMSL pour les fonctions « Forward looking functions » (par exemple la valeur d'annotation « motiver l'apprenant » qui aurait une influence sur la suite de la conversation) et « Backward looking functions » (par exemple « atténuer un discours » qui fait référence à une partie précédente du discours). Nous signalons que la valeur d'annotation « Encourager l'apprenant » se trouve chez Pariès dans la fonction « Encouragement ».

Les dimensions affectives repérées dans le corpus sont :

- *Atténuer un discours* : l'enseignant se rend parfois compte que son discours est trop direct et essaie d'atténuer son intensité (par exemple « tu ne sais pas faire » avant de dire « je n'ai pas l'impression que tu saches faire ». Ces moments sont annotés par cette valeur.

- *Valoriser l'apprenant* : nous annotons par cette valeur la mise en valeur de l'apprenant (en termes de connaissances, de compétences, de justification ou en termes de point d'appui). Nous nous intéressons à l'appréciation que l'enseignant donne aux traces de l'élève et aux méthodes utilisées.

- *Motiver l'apprenant* : par cette valeur nous annotons les moments où l'enseignant motive l'apprenant. En général cela se fait en mettant en avant ses qualités ou en minimisant la tâche à accomplir.

- *Rassurer l'apprenant* : l'apprenant peut être inquiet et manquer d'assurance, surtout lorsqu'il traite de questions qu'il ne maîtrise pas. L'enseignant peut alors essayer de mettre l'apprenant en confiance. Ces moments sont annotés par cette valeur.

- *Encourager l'apprenant* : lorsqu'une tâche est difficile, l'apprenant ne l'effectue pas facilement. C'est ainsi que l'enseignant encourage l'apprenant à mobiliser les connaissances dont il dispose. Ces moments d'encouragement sont annotés par cette valeur.

- *Comportement émotionnel* : nous annotons les émotions exprimées par l'enseignant. Une émotion peut être exprimée d'une façon volontaire afin d'induire des émotions chez l'apprenant. Les émotions sont représentées par deux valeurs : quelle émotion est manifestée (le label) et dans quel sens celle-ci est utilisée (valence).

  o Valence
    - Positif
    - Négatif
  o Label
    - étonnement (suite à une réponse de l'apprenant, etc.)
    - satisfaction
    - insatisfaction
    - déception

- irritation
- autre (texte libre)

Paramètres affectifs
Atténuer Un Discours (AUD)
Valoriser
Motiver
Rassurer
Encourager
Comportement Emotionnel A Valence Positive (CEAVP)
Comportement Emotionnel A Valence Négative (CEAVN)

Figure 22 : Récapitulatif des valeurs d'annotation de la catégorie Paramètres affectifs

DIRECTION DU REGARD

Ce niveau représente la composante non verbale de notre schéma de codage. A ce stade du travail nous nous sommes focalisés sur l'étude de la direction du regard de l'enseignant. Les directions du regard repérées dans les vidéos sont :

- Elève : nous annotons par cette valeur les moments où l'enseignant regarde l'élève.

- Supports : le contexte de notre étude induit deux types de supports qui sont utilisés dans les séances de retour enregistrées. Ces supports sont :

  o Document de travail : ce support contient des copies d'écran des réponses de l'élève. Ces copies sont annotées par l'enseignant avant la séance et annotées aussi pendant la séance par l'élève et par l'enseignant.

  o Profil de l'élève : ce support contient le profil de l'élève produit par Pépite. Dans certaines séances le profil est présent sur l'écran d'un ordinateur et dans d'autres, il présent sous forme papier.

- Ailleurs : Par cette valeur nous annotons tout regard de l'enseignant qui n'est pas focalisé sur les deux points de focalisation précédents (élève et supports).

Direction du regard		
Elève		
Supports	Document de travail	
	Profil cognitif de l'élève	
Ailleurs (dans le vide)		

Figure 23 : récapitulatif des valeurs d'annotation de la catégorie Direction du regard

CONCLUSION

Nous avons donc mis au point un schéma de codage multi-niveaux. Même si l'étude a été faite sur le logiciel Pépite, nous pensons que la plupart des valeurs d'annotation est applicable à d'autres contextes d'entretiens individuels post résolution de problèmes. Seules les valeurs liées à la manipulation des supports sont spécifiques à Pépite. Ceci fait de notre schéma un schéma général indépendant des domaines d'application.

4. ANNOTATION ET MISE A L'EPREUVE DE L'ANNOTATION

INTRODUCTION

Nous commençons cette section par aborder différentes définitions de l'annotation telles que nous les trouvons dans la littérature. [Bringay et al., 2004] définissent l'annotation par une « note particulière attachée à une cible. La cible peut être une collection de documents, un document, un segment de document (paragraphe, groupe de mots, mot, image ou partie d'image, etc.), une autre annotation. À une annotation correspond un contenu, matérialisé par une inscription, qui est une trace de la représentation mentale que l'annotateur se fait de la cible ». Dans notre cas la cible est bien une séquence vidéo. Nous fournissons par la suite des définitions de l'annotation vidéo.

[Assfalg et al., 2002] définissent une annotation vidéo par la mise en place d'une description textuelle ou numérique du contenu vidéo, quelle que soit la partie du document considérée. [Emond et al., 2006] définissent l'annotation vidéo par le processus par lequel des informations textuelles ou autres sont associées à des segments déterminés de documents. Ces informations ne modifient pas le document original, mais sont simplement mises en correspondance avec celui-ci. Définie ainsi, une annotation est un terme générique qui regroupe aussi bien l'ajout d'informations sans contraintes particulières, comme un échange de courriel à propos d'une vidéo, ou l'ajout d'informations qui doit respecter un format bien défini.

L'objectif du travail d'annotation que nous avons mené est de pouvoir appliquer des calculs statistiques sur les annotations que nous avons réalisées. Ces annotations doivent donc être organisées selon une structure qui permet de faire ces calculs d'une façon robuste, fiable et systématique. Nous avons donc choisi un outil permettant d'organiser ces annotations dans des fichiers XML que nous avons rassemblés ensuite pour pouvoir appliquer les calculs statistiques souhaités.

Deux types d'annotation peuvent être distingués : l'annotation manuelle et l'annotation automatique. L'annotation automatique procède par le traitement informatique du signal vidéo ou sonore pour en extraire des éléments. Les logiciels à utiliser dépendent du niveau d'annotation à mener. Par exemple, le fait de calculer la taille ou la durée d'une vidéo ne nécessite pas des traitements complexes alors que la détection d'éléments particuliers dans une vidéo ou la comparaison de deux images est complexe. L'annotation manuelle est nécessaire quand l'annotation automatique ne peut pas satisfaire aux objectifs du travail d'annotation. Par exemple, pour extraire la démarche pédagogique entamée par un professeur, nous devons faire recours à ce type d'annotation.

CHOIX DE L'OUTIL D'ANNOTATION
Nous avons commencé le travail d'analyse de corpus par un travail de transcription du discours de l'enseignant avec Praat[14], logiciel d'analyse du son.

---

[14] http://www.praat.org/

Le signal sonore provenant des vidéos a été importé dans Praat, puis a été segmenté manuellement sur la base du contenu auditif. Après avoir terminé la transcription du discours, il était impératif d'utiliser un logiciel d'annotation permettant d'importer les fichiers résultant de la transcription.

Avant d'annoter les séquences vidéo, nous avons tenu compte d'une étude comparative de certains outils d'annotation vidéo existants. En juin 2005 s'est tenu un atelier de travail sur la comparaison d'outils d'annotation multimodaux dans le cadre du *Second Congress of the International Society for Gesture Studies* (ISGS, 2005). Les outils : Anvil[15], Elan[16], Exmaralda[17], TASX[18], MacVisSTA[19] et Media & Text Editors[20] y ont été comparés sur quatre corpus donnés sous forme de vidéogrammes aux contenus variés (conversation libre, narration d'histoire, description d'un itinéraire routier, travail collaboratif d'organisation) [Rohlfing et al., 2005].

Nos annotations sont définies d'une façon hiérarchique. Nous avons besoin d'un outil qui supporte un schéma de codage multi-niveaux. Selon l'étude de [Rohlfing et al., 2005], seuls les outils Anvil, Media & Text Editors et Elan supportent ce genre de schéma de codage. Mais parmi ces outils, seul Anvil permet d'importer des fichiers de transcription Praat.

Les fonctionnalités offertes par Anvil répondent parfaitement à nos objectifs. Ce logiciel est aussi largement utilisé par notre équipe et par les équipes avec lesquelles nous collaborons. C'est une raison de plus de choisir Anvil pour obtenir une assistance en cas de besoin.

OUTIL D'ANNOTATION ANVIL

---

[15] http://www.dfki.de/~kipp/anvil/

[16] http://www.mpi.nl/tools/elan.html

[17] http://www.rrz.unihamburg.de/exmaralda/index-en.html

[18] http://medien.informatik.fhfulda.de/tasxforce/TASX-annotator

[19] http://vislab.cs.vt.edu/~rtr/

[20] Cet outil est mentionné dans l'étude, cependant nous n'avons pas pu avoir la référence

ANVIL est un outil d'annotation de vidéo (voir Figure 24) qui a été initialement développé pour la recherche dans le domaine des gestes. Il est actuellement utilisé dans le cadre de recherche sur les interactions homme-machine ainsi qu'en psychothérapie et en anthropologie. L'environnement Anvil permet une annotation suivant des schémas d'annotations prédéfinis par l'utilisateur. Anvil facilite l'annotation et l'analyse de donnés verbales et non verbales dans des lignes parallèles présentées sous forme de partitions. Pour annoter, on utilise des tags (ou annotations) que l'on place sur une fenêtre graduée en secondes et qui représente l'écoulement du temps de la vidéo, et grâce à cela on peut décrire ce qui se passe d'un temps T0 à un temps Tn. Une interface ergonomique permet l'alignement temporel de divers types d'annotations et de graphiques avec le signal sonore visualisé sous forme d'oscillogramme et avec la vidéo présentée dans un lecteur intégré.

TRAVAIL D'ANNOTATION

Nous avons annoté avec le logiciel Anvil les séquences vidéo sélectionnées qui contiennent les parties bilan. Ce travail d'annotation a commencé par la définition du fichier de spécification qui contient le schéma de codage décrit dans la section précédente. Nous avons importé les fichiers TextGrid produits par la transcription avec le logiciel Praat dans Anvil. Dans ces fichiers, le discours de l'enseignant est transcrit et est segmenté en blocs. Nous avons analysé les blocs un par un, et lors de l'analyse, nous avons vérifié les valeurs d'annotation constituant notre schéma une à une et à chaque fois que la partie analysée du discours correspondait à une valeur d'annotation, nous avons délimité le temps de cette correspondance et marqué cet intervalle sur la piste adéquate.

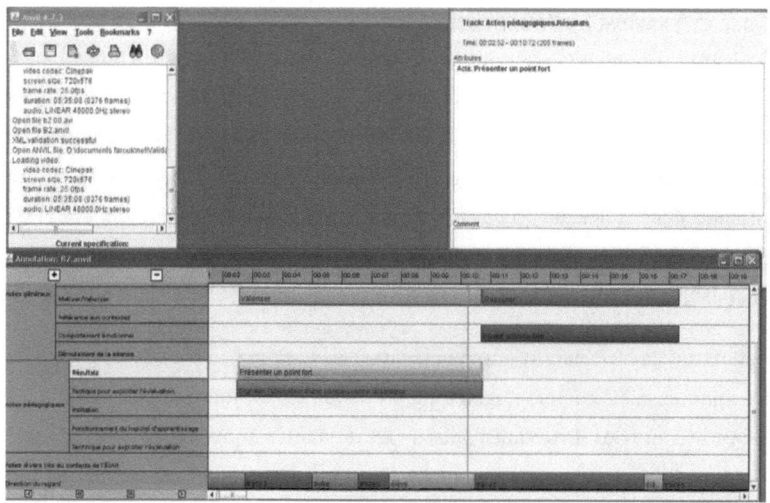

Figure 24 : Exemple d'annotation sous Anvil

La durée totale des séquences annotées représente 54 minutes et 55 secondes. La durée du travail d'annotation de chaque partie du discours est en fonction de sa densité. Une partie du discours étiquetée avec plusieurs étiquettes, est plus longue à annoter qu'une partie comportant une étiquette unique. Il nous a fallu au final 54 heures et demi pour mener à bien ce travail d'annotation, ce qui fait qu'une heure en moyenne a été consacrée pour annoter une minute de vidéo.

Comme nous l'avons déjà discuté précédemment, notre travail s'est limité à la direction du regard en ce qui concerne la composante non verbale de la communication. Ce choix s'explique d'une part par l'importance du regard dans la communication humaine, et d'autre part par une plus grande simplicité d'annotation de cette composante par rapport à d'autres composantes de la communication non verbales comme par exemple les gestes. Travailler sur le regard nous a permis de mener à bien le travail de test et de mise au point méthodologique qui était notre objectif premier(cf. chapitre 2). L'annotation de cette piste était différente de celle des autres pistes du schéma de codage car nous ne nous sommes pas fondés sur les blocs du discours fournis à l'aide de l'importation des fichiers Praat mais uniquement sur l'observation des vidéos.

MISE A L'EPREUVE DE L'ANNOTATION

Le travail d'annotation est un travail très coûteux en termes du temps. Il nous était donc impossible de valider l'ensemble des séquences annotées. Nous avons décidé de mettre à l'épreuve nos annotations sur un extrait de trois minutes. Le choix de cet extrait a été adopté après visionnage des extraits annotés. Le critère premier était la densité en valeurs d'annotation. D'autres critères ont été aussi pris en compte, par exemple la concordance entre les valeurs d'annotation pour chaque bloc et le discours de l'enseignant.

Cet extrait de trois minutes ne représente pas beaucoup pour un total annoté de 54 minutes, mais comme s'agissant d'un travail exploratoire et étant donné les moyens dont nous disposions, nous avons dû limiter notre travail de validation. Un deuxième annotateur a mis quatre heures pour annoter cet extrait. Ce qui n'est pas surprenant étant donné la densité de l'extrait choisi.

Pour appuyer la mise à l'épreuve, cet extrait a été annoté par l'enseignante qui donnait le retour à l'apprenant. Outre son expertise en didactique et en pédagogie, elle est la mieux placée pour expliquer son discours, c'est-à-dire à travers ce discours déterminer l'acte pédagogique qu'elle souhaitait accomplir.

Après avoir annoté cet extrait nous avons comparé les deux annotations en utilisant la mesure statistique Kappa.

MESURE KAPPA

Kappa est une mesure statistique proposée par Cohen [Cohen, 1960]. L'accord observé entre des jugements qualitatifs ou non, résulte de la somme d'une composante «aléatoire» et d'une composante d'accord «véritable». Le coefficient Kappa, noté κ, propose de chiffrer l'intensité ou la qualité de l'accord réel entre des jugements qualitatifs appariés. Il exprime une différence relative entre la proportion d'accord observé p_0 et la proportion d'accord aléatoire p_e c'est-à-dire la probabilité que les annotateurs s'accordent par chance qui est la valeur espérée sous l'hypothèse nulle d'indépendance des jugements, divisée par la quantité disponible au-delà de l'accord aléatoire. k correspond à l'accord maximum corrigé de ce qu'il serait sous le simple effet du hasard.

$$k = \frac{p_0 - p_e}{1 - p_e}$$

Où

$$p_0 = \frac{1}{N_{seg}} \sum_{i=1}^{N_{seg}} p_{segi}$$

avec

$$p_{segi} = \frac{1}{N_{ann}(N_{ann} - 1)} \sum_{k=1}^{j} n_{ik}(n_{ik} - 1)$$

Et

$$p_e = \sum_{k=1}^{j} p_{cl_k}^2$$

avec

$$p_{cl_k} = \frac{1}{N_{seg}N_{ann}} \sum_{i=1}^{N_{seg}} n_{ik}$$

où N_{ann} est le nombre d'annotateurs et n_{ik} le nombre d'annotateurs ayant annoté le i^e segment par la catégorie k.

p_{clk} correspond à la proportion globale des segments attribués à la classe k et la proportion p_{segi} correspond à la mesure de concordance entre les N_{ann} annotateurs pour chaque segment i.

L'application de ce test statistique de l'accord interjuges Kappa a donné de très bons résultats. Les résultats sont compris entre 0.75 et 1, ce qui correspond selon la classification de [Landis et Koch 1977][21] à un accord bon à excellent.

---

[21] Selon cette classification, un accord compris entre 0.8 et 1 est consideré comme excellent, bon s'il est compris entre 0.6 et 0.8, modéré s'il est compris entre 0.4 et 0.6,médiocre s'il est compris entre 0.2 et 0.4, mauvais s'il est compris entre 0 et 0.2 et très mauvais s'il est inferieur à zéro.

Nous sommes conscients du caractère très limité de cette première validation. Dans une phase ultérieure, ces annotations pourront être validées avec plusieurs annotateurs et sur des durées d'enregistrement plus significatives. Notre travail est un travail exploratoire et nous cherchons à mettre en évidence des règles de pilotage qui rendent notre agent vraisemblable. Cette première vérification nous montre que notre processus codage est pertinent, à défaut d'être réellement validé.

CHAPITRE V : MODELISATION ET MISE EN ŒUVRE INFORMATIQUE

1. MODELE COMPUTATIONNEL DE PILOTAGE DE LA DIRECTION DU REGARD

INTRODUCTION

Le corpus annoté que nous avons constitué a fait l'objet d'une étude par analyse statistique des annotations. Les annotations sont stockées par ANVIL dans des fichiers XML. Nous avons développé en Java un programme prenant en entrée ces fichiers XML et permettant d'obtenir d'une part des éléments statistiques simples concernant les annotations (nombres d'occurrences, durées moyennes, etc.) et, d'autre part, la probabilité de cooccurrence entre les annotations et la direction du regard. Ces dernières nous ont permis d'étudier la corrélation entre la direction du regard et les autres valeurs d'annotation. En d'autres termes nous avons cherché pour chaque acte accompli par l'enseignant, quelle est la probabilité de focalisation du regard vers chacun des centres d'attention. Par la suite nous détaillons l'algorithme d'analyse que nous avons mis en œuvre.

PROCESSUS DE TRAITEMENT DES DONNEES

Les fichiers issus de l'annotation et dont l'extension est .anvil sont des fichiers XML. Le parseur utilisé pour extraire les données à partir de ces fichiers repose sur la librairie JAXP (Java API for XML Processing) qui sert à analyser des documents XML par un programme JAVA. A l'issue de ce parsage les données sont stockées dans des tableaux de vecteurs. Chaque valeur d'annotation est présentée par un tableau de vecteur, c'est ainsi qu'une centaine de tableaux de vecteurs a été créés (nombre de valeurs d'annotation du schéma de codage). La taille du tableau est le nombre des fichiers d'annotation passés au parseur. A l'issue de cette étape pour chaque valeur d'annotation toutes les occurrences sont stockées dans un tableau de vecteurs. Les données relatives à l'occurrence d'une valeur d'annotation sont le moment de début, le moment de la fin, la durée, l'indice de l'occurrence, le nom de la piste d'annotation.

Les mesures statistiques appliquées sur ces tableaux de vecteurs sont celles expliquées dans la section suivante. A l'issue de ces calculs les résultats globaux et détaillés sont stockés dans des fichiers HTML.

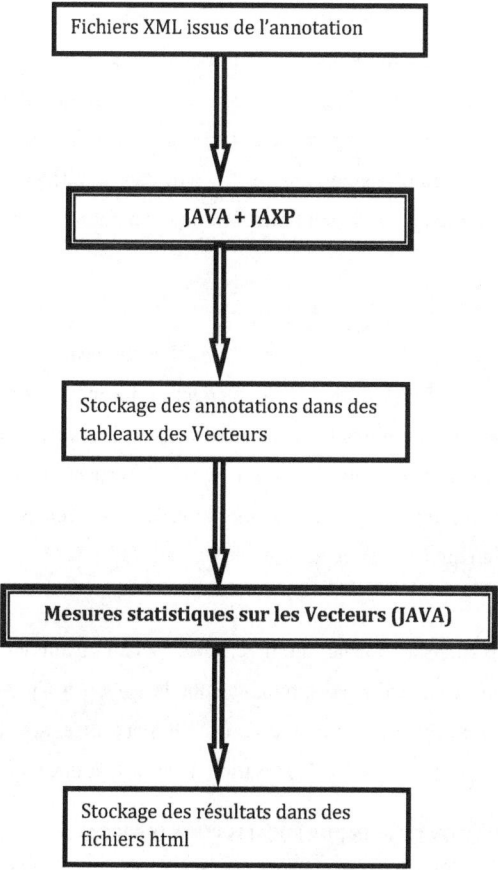

Figure 25 : Processus de traitement des données issues de l'annotation

ETAPES DU CALCUL

Etape 1

Pour chaque valeur d'annotation nous avons calculé le temps total de concordance avec un même point de focalisation du regard. Par exemple pour la valeur d'annotation « Poser une question » nous observons que l'enseignant focalise son regard sur l'élève pendant 40% du temps.

Etape 2

Les résultats de l'étape précédente peuvent ne pas être pertinents en cas de superposition de valeurs d'annotation fortement liées. Par exemple, si une valeur d'annotation A apparait souvent simultanément avec une valeur d'annotation B, et si les calculs montrent que ces deux valeurs d'annotation possèdent le même point de focalisation du regard, nous ne pouvons pas distinguer si ce point est le résultat de l'accomplissement de A ou bien de l'accomplissement de B. Il est donc nécessaire d'étudier la dépendance des deux valeurs et c'est l'objectif de cette étape.

Etape 3

Il se peut aussi que l'influence ne soit pas celle d'une valeur d'annotation sur une autre mais celle d'un bloc de valeurs d'annotation sur la valeur étudiée. Pour cela nous avons calculé toutes les intersections de valeurs d'annotation qui ont été rencontrées dans les épisodes annotés. Plus précisément pour chaque valeur d'annotation nous avons étudié son intersection avec les blocs de valeurs d'annotation qui la recoupent.

Etape 4

Nous avons aussi calculé, pour chaque valeur d'annotation, le point de focalisation du regard correspondant dans le cas où il n'y a pas d'intersection avec d'autres valeurs d'annotation ce qui peut être appelé l'intersection « exclusive » entre un point de focalisation du regard et une valeur d'annotation.

DÉTERMINATION DU POINT DE FOCALISATION DU REGARD

Nous distinguons les annotations en trois grandes catégories : celles pour lesquelles les valeurs de cooccurrence obtenues restent stables d'un élève à un autre, celles qui semblent être liées au niveau cognitif de l'élève et celles pour lesquelles ces valeurs varient indépendamment du niveau cognitif de l'élève. Les profils cognitifs des élèves produits par Pépite permettent de situer les élèves par rapport à la connaissance attendue à ce niveau de compétences en algèbre élémentaire. Nous émettons l'hypothèse que ce « niveau » de l'élève constitue un facteur prépondérant expliquant certaines différences observées dans l'analyse de notre corpus. Cette hypothèse devra bien sûr être consolidée par une étude sur un panel d'élèves plus important.

Dans la figure 26, nous présentons les deux premières catégories d'annotation. La dernière catégorie comprend le reste des valeurs d'annotation. Chaque valeur d'annotation est présentée par une ellipse. La valeur inscrite dans l'ellipse est la probabilité que l'enseignant regarde l'élève lorsque cette valeur d'annotation ne se superpose à aucune autre valeur d'annotation (intersection exclusive). Le complément à cent de cette probabilité concerne la focalisation du regard sur les supports d'enseignement (il n'y a pas eu dans les séquences annotées d'occurrence de l'annotation « ailleurs » pour la direction du regard). Ces résultats seront interprétés dans la section suivante.

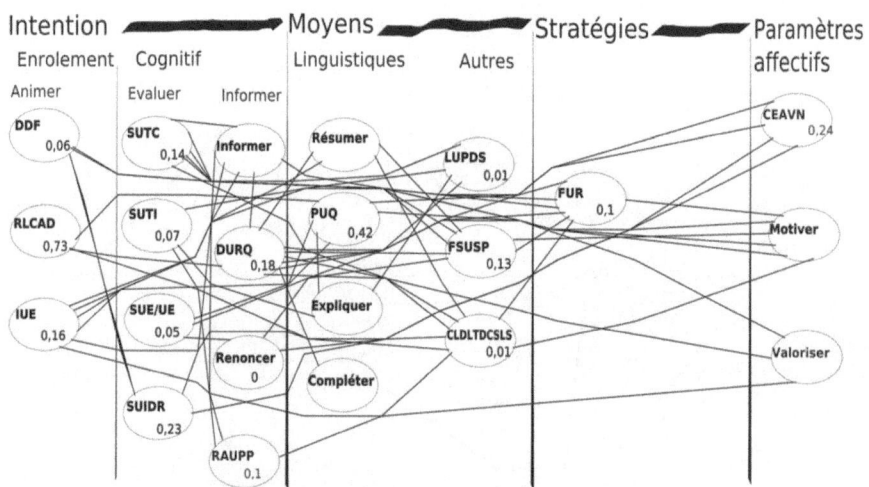

Figure 26 : Corrélation entre valeurs d'annotation

Les ellipses qui ne portent pas de valeurs numériques représentent des valeurs d'annotation pour lesquelles l'intersection exclusive avec la direction du regard dépend du niveau de l'élève. Un arc lie deux valeurs s'il existe pour elles des situations de cooccurrence.

La figure 27 montre un schéma des probabilités concernant la valeur d'annotation Donner Un Résultat Quantitatif (DURQ). Les relations à deux entrées et dont l'arc est fin représentent l'intersection exclusive entre deux valeurs d'annotation. Les relations à trois entrées et dont l'arc est gras représentent l'intersection exclusive entre trois valeurs d'annotation. Dans les deux cas le chiffre présente la probabilité que cette intersection ait lieu en regardant l'élève. Comme précédemment, le complément à cent de cette probabilité concerne la focalisation du regard sur les supports d'enseignement. Pour la valeur d'annotation DURQ, la probabilité de regarder l'élève est de 0,18 si elle a lieu en l'absence de cooccurrence avec d'autres valeurs d'annotation. Dans le cas d'une cooccurrence exclusive avec la valeur d'annotation Rétablir La Confiance Après Déstabilisation (RLCAD), la probabilité de regarder l'élève est nulle. Dans le cas où il y a une cooccurrence entre ces deux valeurs d'annotation et l'élément Continuer Le Discours Le Temps De Chercher Sur Le Support (CLDLTDCSLS), la probabilité de regarder l'élève reste toujours de 0.

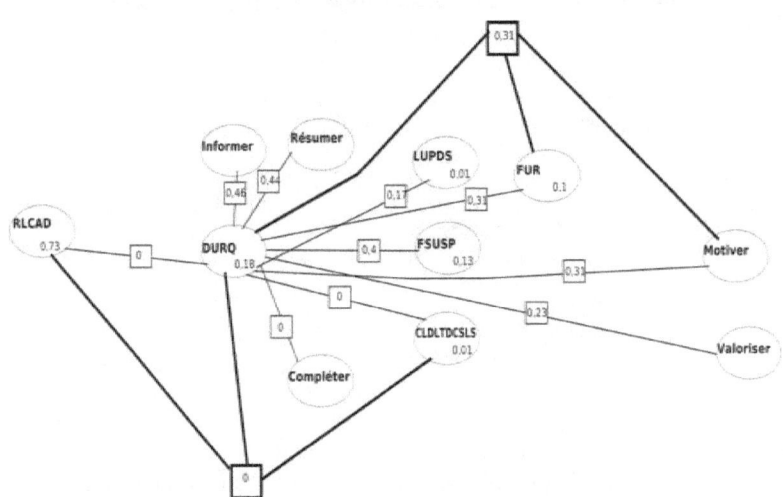

Figure 27 : corrélation entre valeurs d'annotation (Exemple DURQ)

Dans la figure 28 nous présentons les cooccurrences de la valeur d'annotation Signaler Un Traitement Correct (SUTC).

Pour cette valeur d'annotation, la probabilité de regarder l'élève est de 0,14 si elle a lieu en l'absence de cooccurrence avec d'autres valeurs d'annotation.

Dans le cas d'une cooccurrence exclusive avec la valeur d'annotation Focalisation Sur Un Support Pédagogique (FSUSP), la probabilité de regarder l'élève est de 0,17. Et si les deux valeurs d'annotation coïncident avec la valeur d'annotation Faire Un Rappel (FUR), la probabilité de regarder l'élève est nulle. Si elles coïncident avec la valeur d'annotation Informer, la probabilité de regarder l'élève est de 0,11. S'il y a une cooccurrence entre la valeur d'annotation SUTC et l'élément Valoriser, la probabilité de regarder l'élève est de 0,05. Si les deux se déroulent en cooccurrence avec l'élément Informer, la probabilité de regarder l'élève est nulle.

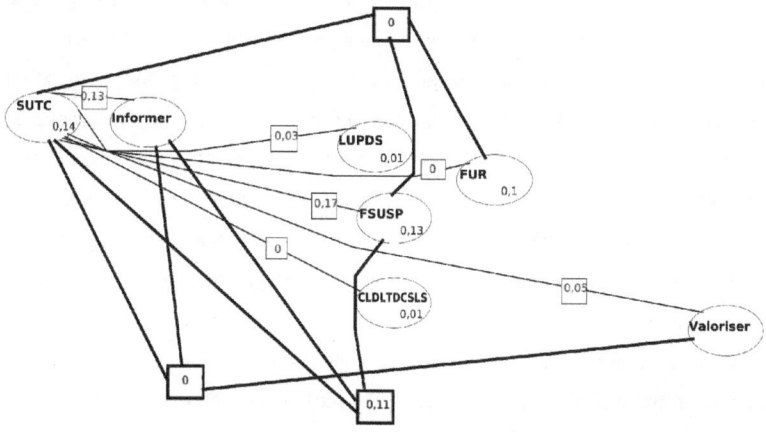

Figure 28 : corrélation entre valeurs d'annotation (Exemple SUTC)

2. ANALYSE STATISTIQUE DU CORPUS ANNOTE

INTRODUCTION

Dans ce travail nous nous focalisons sur l'étude du regard de l'enseignant. Le regard est une modalité qui a plusieurs fonctions [Knapp et Hall 2006] : réguler le flot de communication, contrôler le feedback, informer sur l'activité cognitive de l'interlocuteur (dont l'attention), exprimer des émotions, communiquer la nature de la relation interpersonnelle. Le regard communique des informations (par exemple regard déictique) mais sert aussi à obtenir des informations (par exemple pour vérifier l'attention de l'interlocuteur). De nombreuses études impliquant le regard existent dans la littérature. Celles-ci peuvent être caractérisées d'un point de vue de la situation de communication : regard entre deux personnes en situation de communication interpersonnelle, regard dans le cadre d'un groupe de plusieurs personnes qui interagissent, regard dans un contexte d'enseignement avec un enseignant face à un groupe d'apprenants [Poggi et al., 2003]. Ces études peuvent aussi être différenciées en fonction de modes d'utilisation du regard, par exemple : jeter un coup d'œil, cligner des yeux, regarder l'interlocuteur pendant que l'on parle vs. pendant que l'on écoute.

Le corpus que nous avons constitué a fait l'objet d'une étude par analyse statistique des annotations. Les annotations sont stockées par ANVIL dans des fichiers XML. Nous avons développé en Java un programme prenant en entrée ces fichiers XML et permettant d'obtenir d'une part des éléments statistiques basiques concernant les annotations (nombres d'occurrences, durées moyennes, etc.) et, d'autre part, la probabilité de cooccurrence entre les annotations et la direction du regard. Dans l'objectif de réalisation d'un agent pédagogique, ces données seront utilisées pour modéliser le comportement de l'agent. Ces valeurs définiront la probabilité avec laquelle l'agent doit diriger son regard vers l'un des centres d'attention de la situation de communication. Nous présentons et commentons dans cette section les résultats statistiques obtenus.

Nous observons que les résultats collectés permettent de regrouper les annotations en deux grandes catégories. D'une part celles pour lesquelles les valeurs de cooccurrence obtenues restent stables d'un élève à un autre, et d'autre part celles pour lesquelles ces valeurs varient de manière importante en fonction de l'élève.

Notre étude des annotations appartenant à la seconde catégorie nous a permis de faire apparaître pour certaines d'entre-elles des corrélations entre les valeurs observées et le « niveau scolaire » des élèves. Les profils cognitifs des élèves produits par Pépite permettent de situer les élèves par rapport à la connaissance attendue à ce niveau scolaire en algèbre élémentaire. Nous émettons l'hypothèse que ce niveau scolaire de l'élève constitue un facteur prépondérant expliquant les différences observées. Cette hypothèse devra bien sûr être consolidée par une étude sur un panel d'élèves plus important.

ANNOTATIONS DONT LA CORRELATION AVEC LA DIRECTION DU REGARD EST INDEPENDANTE DE L'ELEVE

Nous classons dans cette catégorie les annotations pour lesquelles les calculs statistiques nous donnent des résultats similaires pour les trois élèves sur lesquels nous avons travaillés.

POSER UNE QUESTION

Selon notre étude, lorsque l'enseignant pose une question, l'élève est le point de focalisation du regard avec une probabilité de seulement 0,4, contre 0,6 pour le support d'enseignement (document de travail et profil de l'élève). D'un point de vue général, nous pourrions nous attendre à ce que dans une situation de communication interpersonnelle le locuteur regarde son interlocuteur lorsqu'il lui pose une question. Dans une situation de communication enseignant-élève avec support d'enseignement, il n'est pas surprenant que ce dernier représente un point d'attention privilégié. Nous constatons que le temps d'attention visuelle porté sur les supports d'enseignement peut prendre le pas sur celui porté sur l'élève.

L'étude des annotations montre de plus que les questions posées à un élève sont souvent accompagnées de gestes déictiques par lesquels l'enseignant pointe des informations présentes sur le support d'enseignement. Nous devrons dans un travail à venir affiner ces résultats, d'une part en essayant de corréler avec la direction du regard ce geste déictique associé à une question, d'autre part en étudiant les alternances élève-support de la direction du regard (durée de moments de focalisation sur l'élève et sur le support, corrélation avec les gestes déictiques).

DEMANDER DE FAIRE

Nous annotons ainsi certaines demandes de l'enseignant à l'élève qui peuvent avoir par exemple pour objectif d'amener l'élève à reformuler, donner une explication, accomplir une tâche ou bien corriger une erreur.

Notre étude montre une probabilité de regarder les documents supérieure à 0,8. Cette probabilité élevée peut s'expliquer par la nécessité de bien cibler la tâche demandée et d'éviter toute incompréhension ou confusion. Dans le domaine des Mathématiques, le support d'enseignement joue en cela un rôle essentiel. Comme dans le cas de poser une question, cet acte de langage est souvent accompagné par un geste déictique vers le support d'enseignement.

RÉTABLIR LA CONFIANCE APRÈS DÉSTABILISATION

Lorsque ses points faibles, erreurs ou difficultés sont exposées, l'apprenant peut être déstabilisé et perdre confiance en lui. L'enseignant intervient alors pour rétablir cette confiance. Cela se fait le plus souvent en encourageant l'élève et en rappelant certains de ses points forts, réussites ou de ses qualités.

Nos résultats statistiques montrent que l'enseignant regarde l'élève (probabilité de 0,65) plutôt que les supports (probabilité de 0,35). Ceci s'explique selon nous par le besoin d'évaluer les réactions de l'élève, et en particulier les émotions que celui-ci manifeste. L'enseignant orientera son discours en fonction de ce retour.

FAIRE RÉFÉRENCE À UNE PARTIE PRÉCÉDENTE

La probabilité de regarder les supports dépasse 0,8 lorsque l'enseignant fait référence à une partie précédente de la séance. L'enseignant regarde l'élève (probabilité inférieure à 0,2) dans le but de vérifier que celui-ci se rappelle bien la partie précédente en question. Cet acte de communication verbale consiste à lier entre elles deux parties de la séance et à montrer cette liaison à travers des informations recherchées sur les supports que l'enseignant feuillète pour revenir à la partie précédente.

INTRODUIRE UNE ÉTAPE/ENVISAGER UNE ÉTAPE

Ce type d'annotation intervient lorsque l'enseignant explique le déroulement de la séance (nous parlons d'étapes pour désigner des parties de la séance formant une entité d'un point de vue de la stratégie pédagogique suivie par l'enseignant). L'enseignant regarde les supports avec une probabilité de 0,8 dans le cas d'introduire une étape, et une probabilité légèrement inférieure à 0,7 dans le cas d'envisager une étape. L'enseignant doit présenter à l'apprenant l'étape en question, et s'appuie pour cela sur les supports ce qui explique ces probabilités élevées.

RENONCER

Les occurrences contenues dans les parties bilan du corpus que nous avons annotées ainsi concernent la non conformité d'une information repérée sur les supports avec un résultat prononcé antérieurement par l'enseignant. La probabilité que l'enseignant regarde les supports est alors de 0,92. Le repérage de l'information non conforme justifie la focalisation du regard sur les supports.

SIGNALER UN TRAITEMENT INCORRECT/SIGNALER UN TRAITEMENT CORRECT

Il s'agit d'un résultat de validation ou bien d'invalidation d'une réponse de l'élève aux exercices. Selon notre étude, la probabilité que l'enseignant fixe son attention sur le support d'enseignement est très forte dans les deux cas. Cela peut s'expliquer par la nécessité de pointer sur les réponses de l'élève aux exercices la source de l'erreur, ou bien l'exercice correctement traité. Nous observons cependant une nette variation : les chiffres obtenus sont en effet de 0,91 pour signaler un traitement incorrect et de 0,79 pour signaler un traitement correct. Nous pouvons supposer deux raisons à cela. D'une part en cas de réussite l'enseignant encourage l'élève, et en l'encourageant il le regarde. D'autre part le cas d'un traitement incorrect nécessite de cerner et discuter l'origine de l'erreur, d'où un temps passé plus important sur le document de travail.

INCITER A EXPLICITER UNE CONNAISSANCE

L'enseignant regarde les supports avec une probabilité de 0,87. Il doit en effet orienter l'apprenant en lui expliquant des connaissances connexes présentes sur les supports ou en lui montrant des mises en pratiques de la connaissance à expliciter. L'enseignant regarde l'apprenant pour observer l'effet de son incitation sur l'élève. Cette interrogation visuelle peut avoir lieu au cours de l'incitation, auquel cas l'enseignant pourra adapter sa façon de procéder en fonction du retour que ce regard lui apporte. Il se peut aussi que ce regard intervienne à la fin de l'incitation.

FAIRE UN RAPPEL

La probabilité de regarder les supports est de 0,86. En général, l'objet du rappel est une connaissance déjà abordée, un savoir faire pratiqué dans un exercice précédent, une information déjà citée pendant la séance. Les supports servent dans tous les cas de référence, ce qui explique la probabilité élevée de les regarder. Dans de rares cas, le regard est principalement adressé à l'élève. Il s'agit alors de rappels dont l'objet est une définition. Le regard de l'enseignant est toujours orienté vers l'apprenant en fin de rappel, afin d'évaluer le souvenir et la compréhension qu'à l'élève de l'élément rappelé.

COMPORTEMENT EMOTIONNEL

Nous nous sommes intéressés aux émotions manifestées par l'enseignant, bien que les parties bilan que nous avons étudiées ne soient pas très riches de ce point de vue. Ceci s'explique par le caractère faiblement interactif de ces parties. Nous avons relevé des occurrences où l'enseignant manifeste la surprise. Nous obtenons une probabilité de 0,76 que cette émotion soit identifiable alors que l'enseignant regarde les supports. Suite à ce résultat nous pouvons formuler deux hypothèses. La première est que l'enseignant évite de se montrer dans une situation qui pourrait entraîner une certaine déstabilisation de l'apprenant. La deuxième hypothèse est que la source de ces manifestations de surprise provient des supports. Par exemple, l'enseignant peut relever une réponse incorrecte parmi les réponses de l'élève aux exercices alors qu'il considère que cette question relève de connaissances acquises par l'apprenant.

ANNOTATIONS DONT LA CORRELATION AVEC LA DIRECTION DU REGARD DEPEND DU NIVEAU DE L'ELEVE

La figure 12 indique comment nous avons évalué ce niveau de façon grossière (faible, fort) en fonction des stéréotypes calculés par Pépite. Ces stéréotypes sont fournis en annexe.

INFORMER

Il s'agit d'un acte de langage. Dans le cas d'un élève faible, la probabilité pour que l'enseignant regarde l'élève est de 0,33. Au contraire si l'élève est classé fort, cette probabilité s'élève à 0,67. Nous constatons donc qu'une partie du temps que l'enseignant passe à regarder les supports de l'élève fort est consacré à regarder l'élève faible.

RESUMER

La probabilité de regarder un élève faible est de 0,46 contre 0,13 pour un élève fort. Lorsque l'enseignant résume le travail d'un élève faible, il prend soin de ne pas le démoraliser et tente au contraire de le motiver pour le travail à venir de mise en cause de ses erreurs. Nous constatons que dans ce cas l'enseignant consacre un temps presque égal aux supports sur lesquels se trouvent les informations à résumer, et à l'élève pour le motiver et pour vérifier qu'il prend bien conscience de ce qu'il veut lui transmettre.

VALORISER

La probabilité de regarder un élève faible est de 0,30 contre 0,49 pour un élève fort. La valorisation s'appuie sur les supports, d'où la probabilité élevée constatée de regarder les supports. Les réponses aux exercices d'un élève faible sont plus difficiles à valoriser car, en général, quand l'idée n'est pas claire il est difficile de l'exprimer et quand elle est mal exprimée il n'est pas facile de la valoriser. En outre, chez l'élève faible le nombre de réponses incomplètes est assez élevé ce qui rend difficile l'action de valoriser en s'appuyant sur ces réponses.

Dans le contexte de cette étude, ces premières analyses suggèrent que la gestion des tours de parole ne joue qu'un rôle secondaire dans la direction du regard de l'enseignant qui dépend essentiellement des actes pédagogiques et du niveau de l'élève. Ceci s'explique d'une part par le fait que les parties étudiées de notre corpus (parties bilan) comportent peu d'interactions, et d'autre part par le fait que le regard est ici utilisé pour diriger l'attention de l'apprenant vers des éléments importants des documents papiers. Des analyses complémentaires pourront être menées de manière plus détaillée au niveau de l'évolution temporelle du regard entre le début et la fin d'un acte (ou d'une séquence d'actes pédagogiques).

3. MISE EN ŒUVRE INFORMATIQUE

INTRODUCTION
APML, Affective Presentation Markup Language [DeCarolis et al., 2004] se fonde sur la description des fonctions communicatives proposées par Isabella Poggi [Poggi 2002]. L'objectif d'APML est de spécifier le comportement de l'agent au niveau de sa signification. Le type des étiquettes représente les fonctions

communicatives telles que définies par I. Poggi. Par exemple, la classe liée aux informations sur le monde inclue les gestes déictiques, les gestes indiquant une direction (par exemple doigt pointé) ainsi que les gestes métaphoriques (par exemple ouverture des bras) et les gestes iconiques (gestes mimant la propriété saillante d'un objet). Parmi les gestes informant sur les croyances du locuteur figurent les gestes qui indiquent le degré de certitude/d'incertitude qu'un agent a dans ce qu'il dit (« mains ouvertes avec les paumes vers le haut » peut indiquer la certitude). Une autre classe rassemble les gestes exprimant un but de l'agent, tels que les performatifs (doigt levé et menaçant pour indiquer la menace) et la distinction thème/rhème (les bâtons). Les émotions sont plus souvent marquées par les expressions faciales mais aussi par les gestes (poing levé pour la colère). APML a été défini durant le projet européen MagiCster [Pelachaud et al., 2004].

En délimitant les parties de texte sur lesquelles les étiquettes agissent, XML offre donc un mécanisme de synchronisation entre les canaux verbaux et non verbaux. Un exemple de texte annoté est donné dans la figure 29.

```
<APML>
<turn-allocation type="take turn">
<performative type="greet">
Bonjour, Jules
</turn-allocation>
<affective type="happy">
C'est <topic-comment type="comment">merveilleux</topic-comment> de te
voir réussi le test
</affective>
<certainty type="certain"> J'étais sure que tu vas y arriver </certainty>
</APML>
```

Figure 29 : exemple d'APML

EXPRESSION DE COMPORTEMENT EN APML

Dans le langage APML, les fonctionnalités de haut niveau sont définies à l'aide d'autres fonctionnalités de bas niveau. Pour exprimer un comportement (fonctionnalité de haut niveau), des mouvements corporels (fonctionnalités de bas niveau) sont utilisés. Par exemple, pour exprimer le comportement « sorry-for », trois mouvements corporels sont possibles. Une probabilité est associée à chacun d'entre-eux. L'agent détermine ses mouvements corporels en fonction de ces probabilités. Les fonctionnalités de bas niveau sont ici des mouvements de

98

tête et des sourcils. Dans le langage APML, les comportements sont définis par des « expression » et les mouvements corporels sont définis par des « action ». L'ensemble des mouvements est exécuté à l'aide d'une posture (par un canal « channel »). Chaque action est définie d'une façon graduée. Cette graduation est définie à l'aide de l'attribut « multiplied »

```
<expression class="affect" instance="sorry-for">
    <probability value="0.2">
        <action name="updown_eyebrows" multiplied="0.5" />
    </probability>
    <probability value="0.4">
        <action name="updown_eyebrows" multiplied="0.5" />
        <action name="head_aside_r" multiplied="1" />
    </probability>
    <probability value="0.4">
        <action name="updown_eyebrows" multiplied="0.5" />
        <action name="head_aside_l" multiplied="1" />
    </probability>
    <channel name="updown" />
    <channel name="head_aside" />
</expression>
```

Figure 30 : exemple de définition d'un comportement à l'aide des fonctionnalités bas niveau

La direction du regard se place bien sûr au niveau des fonctionnalités de bas niveau. Le niveau de précision fourni dans le système Greta n'est pas nécessaire dans le cadre de notre étude. Ce calcul non déterministe est important car toute valeur d'annotation de notre schéma de codage est accompagnée d'une probabilité que la direction du regard soit orientée vers l'apprenant ou vers les documents supports utilisés lors des séances de retour.

La direction du regard en APML est présentée par l'élément « gaze ». Trois valeurs sont possibles : « look_at », « look_left » et « look_right ». Le « channel » résumant ces trois valeurs s'appelle « look_away ».

L'interface de notre prototype se compose de deux parties : une partie qui contient l'AP et une deuxième partie qui contient une figure qui résume le profil cognitif de l'élève produit par Pépite (cf. chapitre 2). La figure 31 présente une capture d'écran de ce prototype. Nous avons placé la figure résumant le profil de l'élève à gauche de l'apprenant. Les valeurs APML adéquates dans notre cas sont : look_at (pour orienter le regard de l'agent vers le profil) et look_left (pour orienter le regard de l'agent vers le profil cognitif de l'élève).

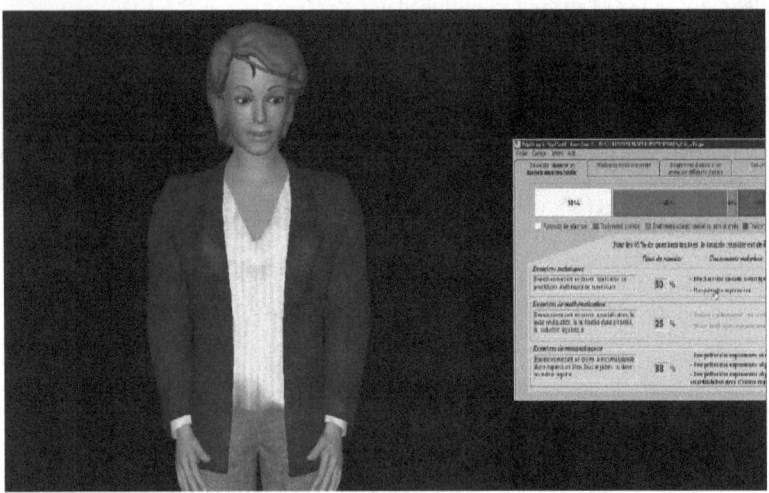

Figure 31 : exemple de l'interface du prototype

DÉFINITION DES BALISES DE PILOTAGE EN FONCTION DES VALEURS D'ANNOTATION
L'ensemble de valeurs d'annotation qui prennent les mêmes valeurs indépendamment de l'élève qui passe le test et les valeurs d'annotation qui sont variables en fonction du profil cognitif de l'élève ont été intégrées dans le langage APML avec la probabilité calculé dans le modèle computationnel. Chaque valeur est définie comme suit :

```
<expression class= "NiveauDuSchemaDeCodage" instance= "NomOuAcronymeDeLaValeurDAnnotation">
    <probability value="probailiteDeRegarderLApprenant">
        <action name="look_at" multiplied ="1"/>
    </probability>
    <probability value="probailiteDeRegarderLesSupports">
        <action name="look_left" multiplied ="1.5"/>
    </probability>
    <channel name="look_away" />

</expression>
```

Figure 32 : définition d'une valeur d'annotation

Par exemple pour la valeur d'annotation « Poser Une Question (PUQ) »
appartient au niveau Moyens Linguistiques :

```
<expression class="MoyensLinguistiques" instance="Puq">
    <probability value="0.42">
        <action name="look_at" multiplied ="1"/>
    </probability>
    <probability value="0.58">
        <action name="look_left" multiplied ="1.5"/>
    </probability>
    <channel name="look_away" />

</expression>
```

Figure 33 : définition de la valeur d'annotation PUQ

Ceci est valable pour toutes les valeurs d'annotation qui restent stables d'un
apprenant à un autre. Pour les valeurs d'annotation qui changent en fonction du
profil cognitif de l'apprenant, chaque valeur est définie deux fois car le
changement s'effectue au niveau de la valeur de la probabilité. Le nom de la
valeur d'annotation est suivi par le type du profil. Par exemple la valeur
d'annotation « informer » est définie par deux éléments « resumerFort » et
« resumerFaible ».

```
<expression class="MoyensLinguistiques" instance="resumerFaible">
    <probability value="0.46">
        <action name="look_at" multiplied ="1"/>
    </probability>
    <probability value="0.54">
        <action name="look_left" multiplied ="1.5"/>
    </probability>
    <channel name="look_away" />

</expression>

<expression class="MoyensLinguistiques" instance="resumerFort">
    <probability value="0.13">
        <action name="look_at" multiplied ="1"/>
    </probability>
    <probability value="0.87">
        <action name="look_left" multiplied ="1.5"/>
    </probability>
    <channel name="look_away" />

</expression>
```

**Figure 34 : définition de la valeur d'annotation Résumer en fonction du
niveau de l'élève**

En cas d'intersection entre deux ou trois valeurs d'annotation, la probabilité de la
direction du regard change et cette intersection est définie comme s'il s'agit

d'une nouvelle valeur d'annotation. Le nom de cette nouvelle valeur est la concaténation des acronymes des valeurs d'annotation en intersection. Pour ces valeurs, nous avons défini une nouvelle classe que nous avons appelé « Intersection ». La valeur de probabilité est celle calculée dans le modèle computationnel. Par exemple pour l'intersection des valeurs d'annotation : « Focalisation Sur Un Support Pédagogique (FSUSP)», « Signaler Un Traitement Correct (SUTC) » et « Faire Un Raisonnement (FUR) » se définit comme dans la figure 35.

```
<expression class="Intersection" instance="FsuspSutcFur">
    <probability value="0">
        <action name="look_at" multiplied ="1"/>
    </probability>
    <probability value="1">
        <action name="look_left" multiplied ="1.5"/>
    </probability>
    <channel name="look_away" />

</expression>
```

Figure 35 : exemple de définition d'une intersection de valeurs d'annotation

La dtd d'APML, la dtd d'apml étendu et la définition des valeurs d'annotation en fonction d'actions bas niveau sont donné en Annexe.

Ce travail exploratoire a servi à définir les balises et les attributs représentant le comportement verbal dans cette situation particulière en fonction d'un seul élément du comportement non verbal qui est l' « action » représentant la direction du regard. L'enrichissement de ce travail consiste à définir d'autres « actions » du comportement non verbal qui s'accomplissent en parallèle avec les « expressions » qu'apportent ce travail. Par exemple, quels gestes accomplir en posant une question ? Quelles sont les expressions faciales qui vont avec une exposition des points faibles de l'apprenant ?

CONCLUSION ET PERSPECTIVES

CONCLUSION

Ce travail exploratoire nous a permis de mettre en place une méthodologie de conception du comportement non verbal des agents pédagogiques. La méthodologie d'annotation de corpus vidéo, largement utilisée dans le domaine des IHM, a été transposée dans le domaine des EIAH, ce qui contribue à l'avancement des connaissances dans ce domaine.

Nous avons commencé notre travail par un tour de travaux existants dans les deux domaines (EIAH et IHM). Ce parcours d'état de l'art nous a permis de définir des critères de catégorisation des agents pédagogiques. Ces critères servent à segmenter le travail et à assurer son cadrage ce qui permet de faciliter sa réalisation. Les critères permettent aussi de savoir quelles sont les facultés d'un agent pédagogique.

Après avoir pris connaissance des facultés d'un agent pédagogique, la question qui se pose est comment mettre ces facultés au profil des EIAH, en d'autres termes quelle est la composante non verbale dans une communication pédagogique ? La réponse à cette question commence par la définition du rôle pédagogique de l'agent dans l'EIAH. Une fois le rôle est défini, l'étape suivante est de savoir comment jouer ce rôle.

Pour répondre à cette question, il est utile d'acquérir les informations suffisantes pour modéliser le comportement de l'agent pédagogique, d'où vient l'intérêt de mettre en place un cadre méthodologique permettant cette acquisition.

Dans notre travail le rôle est celui d'un enseignant qui donne un retour à un apprenant sur une évaluation en mathématique. Pour ne pas rater des éléments qui pourraient être essentiels, il était utile de faire recours à des scènes de retour et de coordonner ces informations qui proviennent de situations réelles avec des connaissances théoriques provenant de la littérature scientifique. C'est ainsi que nous avons organisé ces séances avec des élèves du niveau scolaire auquel l'application qui va accueillir l'agent est destinée. Il ne s'agit pas ici d'un travail noté mais plutôt d'un travail qui aide l'élève à mieux appréhender ses connaissances en algèbre. Ces séances ont impliqué deux enseignants et huit élèves. C'est ainsi qu'un corpus de situations de communication pédagogique avec une forte charge émotionnelle a été collecté.

Une fois le corpus constitué. La question qui s'est posée est comment étudier la composante non verbale dans une communication pédagogique pour obtenir un modèle computationnel plausible d'un agent pédagogique. Pour étudier cette composante nous avons adopté au contexte des EIAH la méthodologie d'analyse de corpus vidéo développée pour les IHM. Cette méthodologie commence par la définition d'objectifs. Pour fixer ces objectifs, des visionnages des vidéos issues de la collecte du corpus et une étude de taxonomies et de schémas d'annotation existants ont été faites. Un schéma d'annotation multi-niveaux modélisant les actes commis par l'enseignant tant au niveau général de la communication ordinaire qu'au niveau de la communication pédagogique a été mis au point. Les intentions de l'enseignant, les moyens linguistiques ou autres qu'il utilise pour s'exprimer, les stratégies pédagogiques mises en œuvre, les paramètres affectifs de l'enseignant ont été pris en considération lors de l'établissement de ce schéma d'annotation. Pour la communication non verbale, le travail s'est limité à la direction du regard. Le visionnage a été effectué par plusieurs personnes provenant de plusieurs disciplines : informatique, pédagogie, didactique et linguistique. Ce travail a servi aussi à sélectionner l'ensemble d'épisodes jugés intéressants pour l'annotation.

Suivant ce schéma d'annotation, nous avons annoté l'ensemble des sections sélectionnées. Etant donné le temps et l'énergie que prend un tel travail, la validation n'a pu être faite que sur un extrait limité. Cependant cette validation symbolique a donné des excellents résultats.

L'étape suivante du travail était d'apporter des réponses à la question quelles corrélations entre le comportement communicatif verbal et la direction du regard d'un agent humain. Le comportement communicatif dans son aspect verbal a été annoté, ainsi que la direction du regard de l'enseignant. Il suffit de faire des calculs permettant d'étudier la corrélation entre cette composante du comportement non verbal et les différentes valeurs constituant le comportement verbal. Un programme JAVA a été réalisé à cette fin.

A l'issue de cette étape nous obtenons pour chaque valeur d'annotation la probabilité que le regard de l'enseignant soit orienté vers l'un des points de focalisation du regard. C'est ainsi donc qu'un modèle du regard a été proposé pour piloter l'agent pédagogique.

Les valeurs d'annotation qui ont données des résultats similaires pour tous les apprenants et ceux qui se varient d'un élève à un autre en fonction du profil cognitif de l'apprenant ont été rajouté au langage APML.

PERSPECTIVES

Il est important d'élargir le corpus collecté en organisant des séances de retour avec d'autres élèves pour confirmer la variabilité constaté pour un certain nombre de valeurs d'annotation en fonction du profil cognitif de l'apprenant. Cet élargissement aussi permettrait d'avancer des nouvelles hypothèses concernant les valeurs d'annotations pour lesquelles nous n'avons pas pu avoir d'explication qui justifie leur variabilité d'un élève à un autre.

Pour la communication non verbale, d'autres critères de catégorisation d'agents pédagogiques doivent être pris en considération, notamment les gestes et les expressions faciales. La corrélation entre le comportement verbal et ces éléments du comportement non verbal devrait être étudiée. Ce qui manque dans ce sens est le travail d'annotation. Le calcul statistique est réutilisable avec des modifications minimes. La corrélation entre les différents composants du comportement non verbal et verbal devrait être étudie, ce qui permettrait de confirmer ou d'infirmer les règles résultantes du travail exploratoire effectué dans le cadre de cette thèse.

Le modèle du comportement de l'agent pédagogique pourrait s'enrichir par des travaux d'évaluation. Le travail réalisé et les éventuelles améliorations ne pourront en aucun cas donner un travail complet en soi. Ils servent à attribuer les valeurs initiales du comportement de l'agent mais ces valeurs restent fortement bien sûr discutables. Ces évaluations viseront à répondre à la question de recherche (cf. Chapitre III) pour laquelle cette thèse n'a pas apporté de réponse. Il s'agit de la question : Comment valider le modèle computationnel proposé pour piloter l'agent pédagogique ?

L'étude effectuée est limitée sur les parties « bilan » des séquences vidéo collectées. Il est important aussi de l'élargir pour qu'elle comprenne aussi les parties « correction » pour que le retour soit complet. Certes le travail d'automatisation de la partie correction ne serait pas évident car elle dispose d'un niveau réactionnel très élevé.

BIBLIOGRAPHIE

[Abou-Jaoude et al., 1999] ABOU-JAOUDE S., FRASSON C., CHARRA O., TRONCY R., On the Application of a Believable Layer in ITS, Proceedings of the AIED, Workshop on Animated and Personified Pedagogical Agents, Le Mans, France, pp. 1-9, July 19-23, 1999.

[André et al., 1996] ANDRE E., MÜLLER J. and RIST T. The PPP Persona: A Multipurpose Animated Presentation Agent. In T. Catarci, M.F. Costabile, S. Levialdi, and G. Santucci, editors, Advanced Visual Interfaces, pages 245–247. ACM Press, 1996.

[Argyle, 1988] ARGYLE M. Bodily Communication. New York:Methuen & Co. Ltd. 1988.

[Assfalg et al., 2002] ASSFALG J., BERTINI M., COLOMBO C., DELBIMBO A. Semantic Annotation of Sports Videos. IEEE MultiMedia 9(2): 52-60, 2002.

[Austin, 1962] AUSTIN J.L. How to Do Things with Words. Cambridge (Mass.) 1962.

[Babad, 2005] BABAD E., Nonverbal Behavior in Education, in The New Handbook of Methods in Nonverbal Behavioral Research (Series in Affective Science) Jinna A. Harrigan et al., eds. 2005

[Ball et Breese, 2000] BALL G., and BREESE J. Emotion and personality in a conversational agent. In S. Prevost J. Cassell, J. Sullivan and E. Churchill, editors, Embodied Conversational Characters. MITpress, Cambridge, MA, 2000.

[Bakeman, 2000] BAKEMAN R. Behavioral Observations and Coding. In H. T. Reis & C. K. Judd (Eds.), Handbook of research methods in social psychology (pp. 138-159). New York: Cambridge University Press, 2000.

[Bakeman et Deckner, 2004] BAKEMAN R., DECKNER D.F, Analysis for Behavioral Streams, In Teti, D. M. (Ed.), Handbook of Research Methods in Developmental Psychology. Oxford, UK: Blackwell Publishers, 2004.

[Bakeman et Gottman, 1997] BAKEMAN R., et GOTTMAN J. M., (1997). Observing Interaction. An introduction to sequential analysis. Second edition., Cambridge University Press 1997.

[Bakeman et Quera, 1995] BAKEMAN R., and QUERA V. Analyzing Interaction: Sequential Analysis with SDIS and GSEQ. New York: Cambridge University Press, 1995.

[Barker, 2003a] BARKER, T. The Illusion of Life Revisited. Workshop "Embodied Conversational Characters as Individuals" in conjunction with AAMAS2003 conference, Melbourne, Australia 2003.

[Barker, 2003b] BARKER, T. Collaborative Learning with Affective Artificial Study Companions in a Virtual Learning Environment Submitted in Accordance with the requirements for the degree of Ph.D. University of Leeds, 2003

[Baylor, 2005] BAYLOR A. L. The Impact of Pedagogical Agent Image on Affective Outcomes. Proceedings of Workshop on Affective Interactions: Computers in the Affective Loop, International Conference on Intelligent User Interfaces, San Diego, CA, 2005.

[Baylor et Ebbers, 2003] BAYLOR, A. L. and EBBERS, S. (2003). Evidence that Multiple Agents Facilitate Greater Learning. International Artificial Intelligence in Education (AI-ED) Conference, Sydney, Australia.

[Baylor et Kim, 2004] BAYLOR A. L., and KIM Y. Pedagogical agent design: The impact of agent realism, gender, ethnicity, and instructional role. Paper presented at the Intelligent Tutoring Systems, Maceió, Alagoas, Brazil, 2004.

[Beun, 2003] BEUN R.J. Embodied conversational agents: Effects on memory performance and anthropomorphisation. Intelligent Virtual Agent (IVA'03), 2003

[Bringay et al., 2004] BRINGAY S., BARRY C., CHARLET J., « Les documents et les annotations du dossier patient hospitalier », Information - Interaction - Intelligence, vol. 4, no 1, p. 191–211, Cépaduès. 2004.

[Brousseau, 1986] BROUSSEAU G (1986) : Fondements et méthodes de la didactique. Recherches en Didactique des Mathématiques, Vol 7.2, pp. 33-116, Editions La Pensée Sauvage.

[Bui et al., 2003] BUI T.D., HEYLEN D., POEL M., and NIJHOLT A. Generation of facial expressions from emotion using a fuzzy rule based system. In Proceedings of 14th Australian Joint Conference on Artificial Intelligence, pp. 83--94, Adelaide, Australia, 2003.

[Buisine et al.,2004] BUISINE S., ABRILIAN S., MARTIN J.C. Evaluation of Multimodal Behaviour of Embodied Agents. In: Zs. Ruttkay, C. Pelachaud (Eds.), From Brows to Trust: Evaluating Embodied Conversational Agents, Chapter 8, pp. 217-238, Kluwer Academic Publishers. 2004.

[Buisine et al., 2006] BUISINE S., HARTMANN B., MANCINI M., PELACHAUD C. (2006), Conception et Evaluation d'un Modèle d'Expressivité pour les Gestes des Agents Conversationnels, Revue en Intelligence Artificielle RIA, Special Edition "Interaction Emotionnelle", vol. 20, N. 4-5, 2006

[Bull et Kay, 2005] BULL, S. & KAY J. A Framework for Designing and Analysing Open Learner Modelling, Proceedings of Workshop on Learner Modelling for Reflection,International Conference on Artificial Intelligence in Education 2005, Amsterdam, pp. 81-90, 2005

[Carofiglio et deRosis, 2005] CAROFIGLIO V., et DEROSIS F. In favour of cognitive models of emotions. In the Proceedings of the Joint Symposium on Virtual Social Agents, conference on Artificial Intelligence and Simulated Behavior (AISB), pages 171–176, Hatfield, UK, 2005

[Cassell et al., 2000] CASSELL J., SULLIVAN J., PREVOST S. and CHURCHILL E. (2000). Embodied Conversational Agents, MIT Press.

[Cassell et Thorisson, 1999] CASSELL J., THORISSON K.R. The power of a nod and a glance: Envelope versus emotional feedback in animated conversational agents. Applied Artificial Intelligence, 13, 519-538, 1999

[Chevallard, 1992] CHEVALLARD Y. Concepts fondamentaux de la didactique : perspectives apportées par une approche anthropologique. Recherches en Didactique des Mathématiques, Vol 12.1, pp. 73-111, Editions La Pensée Sauvage, 1992.

[Chou et al., 2003] CHOU C.Y., TAK-WAI C;, and LIN C. Redefining the learning companion : the past, present, and future of educational agents. Computers & Education, 40(3) :255-569, 2003.

[Cohen, 1960] COHEN J., (1960). A coefficient of agreement for nominal scales", Educ. Psychol. Meas.: 20, 27-46.

[Constantino-Gonzales et Suthers, 2003] CONSTANTINO-GONZALES M.A., SUTHERS D.D, Automated Coaching of Collaboration based on Workspace Analysis: Evaluation and Implications for Future Learning Environments Proceedings of the 36th Hawaii International Conference on System Sciences - 2003

[Core et Allen, 1997] CORE M. G. and ALLEN J. F. (1997). Coding Dialogues with the DAMSL Annotation Scheme. AAAI Fall Symposium on Communicative Action in Humans and Machines, Menlo Park, California,American Association for Artificial Intelligence. citeseer.ist.psu.edu/ core97 coding. Html

[Cosnier, 1997] COSNIER J. Empathie et communication – Les sciences humaines n°68, p. 24-26, 1997.

[Dabene, 1984] DABENE, L. Pour une taxinomie des opérations métacommunicatives en classe de langue étrangère. COSTE, D. (éd.) Interactions et enseignement/apprentissage des langues étrangères, Etudes de Linguistiques Appliquée, 55, 39-46, 1984.

[DeCarolis et al., 2004] DECAROLIS B., PELACHAUD C., POGGI I., and STEEDMAN M. APML, a mark-up language for believable behavior generation. In H. Prendinger and M. Ishizuka, editors, Life-like Characters. Tools, Affective Functions and Applications. Springer, 2004.

[Dehn et VanMulken, 2000] DEHN D.M., VANMULKEN S. The impact of animated interface agents: a review of empirical research. International Journal of Human-Computer Studies(52): 1-22. 2000

[Delozanne et al., 2003] DELOZANNE, E., PREVIT, D., GRUGEON, B., JACOBONI, P Supporting teachers when diagnosing their students in algebra, Workshop Advanced Technologies for Mathematics Education, supplementary Proceedings of Artificial Intelligence in Education, Sydney, July 2003, IOS Press, Amsterdam, 461-470, 2003.

[Douady, 1986] DOUADY R. Jeux de cadres et dialectique outil/objet, Recherches en Didactique des Mathématiques, Vol 7.2, pp. 5-32, Editions La Pensée Sauvage, 1986.

[DuBoulay et Luckin, 2001] DUBOULAY B., et LUCKIN R. Modelling Human Teaching Tactics and Strategies for Tutoring Systems. International Journal of Artificial Intelligence in Education, 12, pages 235-256, 2001.

[Duval, 1988] DUVAL R. Ecarts sémantiques et cohérence mathématique : introduction aux problèmes de congruence. Annales de Didactique et de Sciences Cognitives, Vol. 1, pp. 7-26, IREM de Strasbourg, 1988.

[El-Nasr et al., 2000] EL-NASR M. S., YEN J. et IOERGER T. Flame - a Fuzzy Logic Adaptive Model of Emotions. Autonomous Agents and Multi-agent Systems, 3:219–257, 2000.

[Emond et al., 2006] EMOND B., BARFURTH M.A., COMEAU G., BROOKS M. Technologies d'annotation vidéo et leurs applications à la pédagogie du Piano. In : Recherche en Education Musicale. 2006.

[Eugenio et al., 1998] EUGENIO B.D., JORDAN P., et PYLKKANEN L. The coconut project: dialogue annotation manual. Technical report, University of Pittsburgh, 1998.

[Evers et al., 2000] EVERS M. and NIJHOLT A. Jacob- An Animated Instruction Agent in Virtual Reality. ICMI 2000, LNCS 1948, Springer-Verlag Berlin, 2000

[Freedman, 1978] FREEDMAN M. Follow-up of physical education graduates from a teacher preparation program: A descriptive analysis. Ohio State University. 1978.

[Goodman et al., 1998] GOODMAN B., SOLLER A., LINTON F., and GAIMARI R.. Encouraging student reflection and articulation using a learning companion. International Journal of Artificial Intelligence in Education, 9 :237–255, 1998

[Graesser et al., 2003] GRAESSER A.C., JACKSON G.T., MATHEWS E.C., MITCHELL H.H., OLNEY A., VENTURA M., CHIPMAN P., FRANCESCHETTI D., HU X., LOUWERSE M.M. and PERSON N.K. Why/AutoTutor: A Test of Learning Gains from a Physics Tutor with Natural Language Dialog. CogSci 2003.

[Grugeon, 1995] GRUGEON B. Etude des rapports institutionnels et des rapports personnels des élèves à l'algèbre élémentaire dans la transition entre deux cycles d'enseignement : BEP et Première G, thèse de doctorat, Université Paris VII, 1995.

[Habert, 2000] HABERT, B. Des corpus représentatifs : de quoi, pour quoi, comment ?, in M. Bilger (éd.),Linguistique sur corpus. Études et réflexions, Perpignan, Presses Universitaires de Perpignan, pp.11-58, 2000.

[Habert et al., 1998] HABERT B., FABRE C. et ISAAC F. De l'écrit au numérique : constituer, normaliser et exploiter les corpus électroniques, Paris, InterEditions, 1998.

[Harrigan et al., 2005] HARRIGAN J.A., ROSENTHAL R. and SCHERER K. The new handbook of methods in nonverbal behavior research, Oxford University Press, 2005.

[Jaques, 2004] JAQUES P. Using an Animated Pedagogical Agent to Interact Affectively with the Student. Thesis presented in partial fulfilment of the requirements for the degree of Doctor of Computer Science. UNIVERSIDADE FEDERAL DO RIO GRANDE DO SUL. 2004.

[Jean, 2000] JEAN S. PÉPITE : un système d'assistance au diagnostic de compétences, Thèse de doctorat de l'Université du Maine, 2000.

[Jean-Dubais, 2002] JEAN-DUBAIS S. Un système d'assistance au diagnostic de compétences en algèbre élémentaire, Revue Sciences et techniques éducatives, Hermès, Vol.9 - n°1-2/2002, 171-200, 2002.

[Johnson et al., 2000] JOHNSON W.L., RICKEL J.W. and LESTER J.C. "Animated Pedagogical Agents: Face-to-Face Interaction in Interactive Learning Environments." International Journal of Artificial Intelligence in Education 11: 47-78, 2000. http://www.csc.ncsu.edu/eos/users/l/lester/www/imedia/apa-ijaied-2000.html

[Jurafsky et al., 1997] JURAFSKY D., BATES R., COCCARO N., MARTIN R., METEER M., RIES K., SHRIBERG E., STOLCKE A., TAYLOR P., et ESS-DYKEMA C.V. Switchboard discourse language modeling project final report. Rapport Technique Summer Research Workshop Technical Reports 30, Johns, Hopkins University, Baltimore, 1997.

[Kalra et Magnenat-Thalmann, 1994] KALRA P., MAGNENAT-THALMANN N. Modeling of Vascular Expressions in facial Animation, Computer Animation, pp. 50-58, 1994.

[Kay, 2000] KAY J. Stereotypes, Student Models and Scrutability, Intelligent Tutoring Systems, Springer, 2000.

[Katz et al., 2003] KATZ S., ALLBRITTON D., CONNELLY J. Going Beyond the Problem Given: How Human Tutors Use Post-Solution Discussions to Support Transfer, IJAIED, vol 13, p.79-116, 2003

[Kendon, 2001] KENDON A., MUELLER C. Gestures, Gesture 1:1 (2001), 1–7. issn 1568–1475 John Benjamins Publishing Company, 2001.

[Kipp, 2004] KIPP M. Gesture Generation by Imitation. From Human Behavior to Computer Character Animation. Florida, Boca Raton, Dissertation.com, 2004. http://www.dfki.de/~kipp/dissertation.html

[Knapp et Hall, 2006] KNAPP M. L. and HALL J. A. Nonverbal communication in human interaction. Sixth edition., Thomson Wadsworth, 2006.

[Landis et Koch, 1977] LANDIS J. R., et KOCH G. G. The measurement of observer agreement for categorical data. Biometrics 33: 159–174, 1977.

[Lester et al., 1997] LESTER J. and STONE B. Increasing Believability in Animated Pedagogical Agents. Proceedings of the First International Conference on Autonomous Agents, pp. 16-21, California, February, 1997.

[Lester et al., 1999] LESTER J.C., TOWNS, S.G., FITZGERALD P.J. Achieving Affective Impact: Visual Emotive Communication in Lifelike Pedagogical Agents. International Journal of AI in Education, 10 (3-4) pp. 278-291. 1999.

[Long, 1996] LONG J. Video coding system reference guide. Caroga Lake, NY: James, Long Company, 1996.

[Lourdeaux, 2001] LOURDEAUX D., Réalité Virtuelle et Formation : Conception d'Environnements Virtuels Pédagogiques, Thèse de doctorat à l'Ecole des Mines de Paris 2001.

[Martin, 2006] MARTIN, J. C. Multimodal Human-Computer Interfaces and Individual Differences. Annotation, perception, representation and generation of situated multimodal behaviors. Habilitation à diriger des recherches en Informatique. Université Paris XI, 2006.

[Martin et al., 2005] MARTIN J.-C., ABRILIAN S. and DEVILLIERS L. Annotating Multimodal Behaviors Occurring during Non Basic Emotions. 1st Int. Conf. Affective Computing and Intelligent Interaction (ACII'2005), Beijing, China, Spinger-Verlag Berlin, 2005. http://www.affectivecomputing.org/2005

[Martin et al., 2006] MARTIN J.-C., KUHNLEIN P., PAGGIO P., STIEFELHAGEN R. and PIANESI F. Workshop "Multimodal Corpora: from Multimodal Behaviour Theories to Usable Models ". In Association with the 5th International Conference on Language Resources and Evaluation (LREC2006), Genoa, Italy. 2006. http://www.limsi.fr/Individu/martin/tmp/LREC2006/WS-MM/final/proceedings-WS-MultimodalCorpora-v3.pdf

[Martin et al., 1999] MARTIN N., OLIVIER C., et HALL S. ObsWin: Observational data collection and analysis for Windows. CTI Psychology Software News, 9, 14-16, 1999.

[McArdle et al., 2004] MCARDLE G., MONAHAN T., BERTOLOTTO M., MANGINA E. A Web-Based Multimedia Virtual Reality Environment for E-learning EUROGRAPHICS 2004 / M. Alexa and E. Galin 2004.

[Moreno et al., 2001] MORENO R., MAYER R.E., SPIRES H.A., LESTER J.C. The case for social agency in computer-based teaching: do students learn more deeply when they interact with animated pedagogical agents? Cognition and Instruction (19): 177-213, 2001.

[Nicaud et al., 2002] NICAUD J.-F., DELOZANNE É., GRUGEON B. (éditeurs) numéro spécial Environnements informatiques d'apprentissage de l'algèbre , Revue Sciences et Techniques éducatives, volume 9-n°1-2/2002, Hermès, 2002.

[Nkambou et Heritier, 2004] NKAMBOU R., HERITIER V. Reconnaissance émotionnelle par l'analyse des expressions faciales dans un tuteur intelligent affectif. Université de Montréal, Colloque TICE 2004.

[Noldus et al., 2000] NOLDUS L.P.J., TRIENES R. J. H., HENRIKSEN A. H. M., JANSEN H., et JANSEN R. G. The Observer Video-Pro : New software for the collection, management, and presentation of time-structured data from videotapes and digital media files. Behavior Research Methods, Instruments, and Computers, 32, 197-206, 2000.

[Paries, 2004] PARIES C. M. Comparaison de pratiques d'enseignants de mathématiques relations entre discours des professeurs et activités potentielles des élèves. In Recherches en didactique des mathématiques : vol. 24, no2-3, pages 251-284, 2004.

[Pelachaud, 2005] PELACHAUD C., Multimodal expressive embodied conversational agent, ACM Multimedia, Brave New Topics session, Singapor, November 2005.

[Pelachaud, 2006] PELACHAUD C., Greta user's manual, rapport interne mai 2006.

[Pelachaud et al., 2004] PELACHAUD C., BRAFFORD A., BRETON G., CHAFAI N., GIBET S., MARTIN J.,-C., MAUBERT S., OCHS M., PELE D., PERRIN A., RAYNAL M., REVERET L., SADEK D., Systèmes d'animation Modélisation des comportements multimodaux Applications : Agents pédagogiques et agents signeurs. Rapport de CNRS AS-Humain Virtuel, thème 4 : agents conversationnels, 2004.

[Piéron, 1992] PIERON M. Pédagogie des activités physiques et du sport. Paris: Revue E.P.S. 1992.

[Poggi, 2002] POGGI I. Mind Markers. In M. Rector, I. Poggi and N. Trigo. Meaning and Use. Oporto, Portugal University Fernando Pessoa Press: 119-132. 2002

[Poggi et al., 2003] POGGI I., MEROLA G. and LIBERATI F. The teacher's gaze. ECFE'2003. 2003. http://www.marcocosta.it/ecfe2003/node20.html

[Prévit, 2008] PREVIT D. Génération d'exercices et analyse multicritère automatique de réponses ouvertes. Thèse de doctorat de l'Université du Maine, 2008.

[Psotka, 1995] PSOTKA J. Immersive Training Systems : Virtual Reality and Education and Training . Instructional Science, Vol 23. 36, n°5-6, pages 405-431, 1995.

[Rastier, 2002] RASTIER F. Enjeux épistémologiques de la linguistique de corpus. In G. Williams, Acte des deuxièmes Journées de Linguistique de Corpus, Presses Universitaires de Renne, Lorient, 2002.

[Réty et al., 2003] RETY J.-H., MARTIN J.-C., PELACHAUD C. et BENSIMON N. Coopération entre un hypermédia adaptatif éducatif et un agent pédagogique. Proceedings of H2PTM'2003, Paris, 24-26 september, Hermès, 2003.

[Richmond et Croskey, 2004] RICHMOND V. P. et CROSKEY J. C.(2004) Non Verbal Behavior in Interpersonal relations. Fith Edition., Pearson Education Inc.

[Rickel et al., 1997] RICKEL J. and JOHNSON. W L. Intelligent Tutoring in Virtual Reality : A Preliminary Report, Proc. of Eighth World Conference on AI in Education,1997.

[Rohlfing et al., 2005] ROHLFING K., LOEHR D., DUNCAN S., BROWN A., FRANKLIN A., KIMBARA I., MILDE J.-T., PARRILL F., ROSE T., SCHMIDT T., SLOETJES H., THIES A., WELLINGHOFF S. Comparison of multimodal annotation tools – workshop report. Second Congress of the International Society for Gesture Studies, Lyon. 15-18 Juin 2005 http://www.gespraechsforschung-ozs.de/heft2006/tb-rohlfing.pdf

[Ryu et al., 2005] RYU J., BAYLOR A. L. The Psychometric Structure of Pedagogical Agent Persona. Technology, Instruction, Cognition & Learning (TICL). 2005

[Searle, 1969] SEARLE J. Speech Acts. Cambridge University Press. 1969.

[Searle et Vandeveken, 1985] SEARLE J. et VANDERVEKEN D. Foundations of Illocutionary Logic. Cambridge: Cambridge University Press, 1985.

[Sfard, 1994] SFARD A. et LINCHEVSKI L. The gains and the pitfalls of reification -- The case of algebra, Educational Studies in Mathematics, Vol. 26, pp. 191-228, 1994

[Shaw et al., 1999] SHAW E., GANESHAN R., JOHNSON W. L. and MILLAR D. Building a Case for Agent-Assisted Learning as a Catalyst for Curriculum Reform in Medical Education. Proceedings of the Int'l Conf. on Artificial Intelligence in Education, 1999

[Smith et al., 1999] SMITH T., AFFLECK G, LEES B., BRANKI C. Implementing A Generic Framework for a Web-based Pedagogical Agent. MEDIA Proceedings, 1999.

[Stent, 2000] STENT A. The monroe corpus. Technical Report 728, University of Rochester. 2000.

[Suraweera, 1999] SURAWEERA P. An Animated Pedagogical Agent for SQL-Tutor. Honours report, Computer Science Department, University of Canterbury, 1999.

[VanMulken, 1998] VANMULKEN S., The Persona Effect: How substantial is it? HCI'98, 1998.

[VanVuuren, 2006] VANVUUREN S. Technologies that power pedagogical agents and visions for the future. In Special Issue of Educational Technology. 2006

[Vergnaud, 1987] VERGNAUD G., CORTES A., FAVRE-ARTIGUE P. Introduction de l'algèbre auprès de débutants faibles. Problèmes épistémologiques et didactiques in Actes du colloque de Sèvres : Didactique et acquisition des connaissances scientifiques, pp. 259-288, Editions La Pensée Sauvage, 1987.

[Webber et al., 2001] WEBBER C., BERGIA L., PESTY S., BALACHEFF N. The Baghera project: a multi-agent architecture for human learning, in Vassileva, J. (ed), Multi-agent architectures for distributed learning environments, 12, 1060-1069, (AIED 2001 workshop proceedings) 2001.

[Wonisch et al., 2002], WONISCH D., COOPER G., Interface Agents: preferred appearance characteristics based upon context. Virtual Conversational Characters: Applications, Methods, and Research Challenges, in conjunction with HF2002 and OZCHI2002, Melbourne, Australia, 2002.

ANNEXES

ANNEXE 1 : STEREOTYPES DES ELEVES DONT LES VIDEOS A ETE ANALYSES

1- A B - Date du test : 19/11/2005 **Stéréotype : UA2 - T1 - CA3**

 Accès au groupe de l'élève 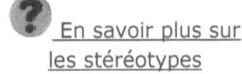 En savoir plus sur les stéréotypes 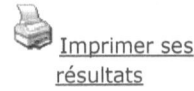 Imprimer ses résultats

L'élève a traité **72 %** des questions proposées. Pour les questions traitées, le taux de réussite est de **77 %**

Taux de réussite par type d'exercice (par rapport aux exercices traités ou non)		
Type d'exercice	Taux de réussite	Commentaires
Exercices de mathématisation	**73 %**	Exercices mettant en oeuvre la modélisation, la mise en équation, la recherche d'une propriété, la traduction algébrique.
Exercices de reconnaissance	**61 %**	Exercices mettant en oeuvre la reconnaissance d'une expression algébrique dans une autre représentation (géométrique, ...).
Exercices techniques	**10 %**	Exercices mettant en oeuvre l'application de procédures algébriques ou numériques.

Traitement (par rapport aux exercices traités ou non)		
Type de traitement	**Taux de réussite**	**Commentaires**
Effectuer des calculs numériques	31 %	Non maîtrisé
Interpréter des expressions numériques	100 %	Maîtrisé
Interpréter des expressions algébriques	55 %	Maîtrisé
Traduire algébriquement des situations	73%	Maîtrisé
Manipuler des expressions	23 %.	Non maîtrisé
Interpréter des expressions algébriques en articulation avec d'autres registres d'écriture	67 %.	Maîtrisé
Utiliser l'outil algébrique pour prouver	89 %.	Maîtrisé

Modes de fonctionnement		
Type de fonctionnement		**Nombre de mise en oeuvre**
Utilisation des lettres	**Utilisation correcte des lettres**	5
	Utilisation des lettres pour leur substituer des valeurs numériques	0
	Utilisation des lettres pour faire du calcul algébrique avec	2

	des règles fausses	
	Utilisation des lettres comme étiquettes ou abréviation	0
	Aucune utilisation des lettres	1
Calcul algébrique	Utilisation correcte des règles de transformation	14
	Maîtrise technique fragile	0
	Règles de transformation non maîtrisées, mais identification correcte du rôle des opérateurs + et x	0
	Identification incorrecte du rôle des opérateurs + et x	0
	Mauvaise utilisation du parenthèsage	0
Traduction	Traduction correcte	16
	Traduction correcte non attendue	1
	Traduction incorrecte	3
	Traduction abréviative	0
Type de justification	Pas de justification	3
	Justification par l'algèbre	2
	Justification par l'exemple numérique	1
	Justification de type scolaire	7
Connaissances numériques	Signe égal : Relation d'équivalence	0
	Signe égal : Annonce du résultat	0

Erreur sur l'ordre des décimaux	0
Erreur sur l'ordre des négatifs	0

Caractéristiques personnelles

Outil Algébrique

Justification donnée par un exemple numérique
◔Justification avec exemple numérique à l'exercice 16

Justification de type scolaire reposant sur l'application de règles incorrectes
◔Justification inadéquate à l'exercice 4c
◔Justification inadéquate à l'exercice 4d

Justification de type scolaire en langage naturel
◔Preuve avec utilisation de propriétés énoncées en langage naturel à l'exercice 2a
◔Preuve avec utilisation de propriétés énoncées en langage naturel à l'exercice 2c
◔Preuve avec utilisation de propriétés énoncées en langage naturel à l'exercice 4a
◔Preuve avec utilisation de propriétés énoncées en langage naturel à l'exercice 4e

Justification de type scolaire s'appuyant sur des formulations d'ordre légal
◔Preuve avec utilisation de règles au niveau de la forme de l'écriture à l'exercice 2a

Traduction

Traduction correcte non attendue
◔Résolution et calculs par morceaux à l'exercice 16

Traduction incorrecte
◔Erreur dans l'écriture de l'inverse faux à l'exercice 11p1c
◔Erreur dans la reconnaissance de l'aire à partir d'une formule à l'exercice 13

Calcul algébrique

2- J V - Date du test : 20/11/2005 Stéréotype : **UA3 - T1 - CA3**

 Accès au groupe de l'élève   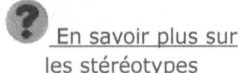 En savoir plus sur les stéréotypes    Imprimer ses résultats

L'élève a traité **57 %** des questions proposées. Pour les questions traitées, le taux de réussite est de **48 %**

Taux de réussite par type d'exercice (par rapport aux exercices traités ou non)		
Type d'exercice	Taux de réussite	Commentaires
Exercices de mathématisation	18 %	Exercices mettant en oeuvre la modélisation, la mise en équation, la recherche d'une propriété, la traduction algébrique.
Exercices de reconnaissance	36 %	Exercices mettant en oeuvre la reconnaissance d'une expression algébrique dans une autre représentation (géométrique, ...).
Exercices techniques	14 %	Exercices mettant en oeuvre l'application de procédures algébriques ou numériques.

Traitement (par rapport aux exercices traités ou non)

122

Type de traitement	Taux de réussite	Commentaires
Effectuer des calculs numériques	31 %	Non maîtrisé
Interpréter des expressions numériques	50 %	Maîtrisé
Interpréter des expressions algébriques	30 %	Non maîtrisé
Traduire algébriquement des situations	18%	Non maîtrisé
Manipuler des expressions	15 %.	Non maîtrisé
Interpréter des expressions algébriques en articulation avec d'autres registres d'écriture	56 %.	Maîtrisé
Utiliser l'outil algébrique pour prouver	44 %.	Partiellement maîtrisé

Modes de fonctionnement		
Type de fonctionnement		Nombre de mise en oeuvre
Utilisation des lettres	Utilisation correcte des lettres	1
	Utilisation des lettres pour leur substituer des valeurs numériques	0
	Utilisation des lettres pour faire du calcul algébrique avec des règles fausses	0
	Utilisation des lettres comme étiquettes ou abréviation	0

	Aucune utilisation des lettres	0
Calcul algébrique	Utilisation correcte des règles de transformation	7
	Maîtrise technique fragile	0
	Règles de transformation non maîtrisées, mais identification correcte du rôle des opérateurs + et x	9
	Identification incorrecte du rôle des opérateurs + et x	1
	Mauvaise utilisation du parenthèsage	0
Traduction	Traduction correcte	5
	Traduction correcte non attendue	0
	Traduction incorrecte	3
	Traduction abréviative	0
Type de justification	Pas de justification	12
	Justification par l'algèbre	0
	Justification par l'exemple numérique	0
	Justification de type scolaire	1
Connaissances numériques	Signe égal : Relation d'équivalence	0
	Signe égal : Annonce du résultat	0
	Erreur sur l'ordre des décimaux	0
	Erreur sur l'ordre des négatifs	0

Caractéristiques personnelles

Outil Algébrique

Justification de type scolaire en langage naturel
◢ Preuve avec utilisation de propriétés énoncées en langage naturel à l'exercice 2b

Traduction

Traduction incorrecte
◢ Ecriture du carré du triple incorrecte à l'exercice 11p1a
◢ Traduction algébrique incorrecte à l'exercice 20p2
◢ Traduction algébrique incorrecte à l'exercice 20p2

Calcul algébrique

Utilisation inadaptée des parenthèses mais qui conduit toutefois à un résultat correct
◢ Problème de parenthèsage $-3^2=9$ à l'exercice 1
◢ Non prise en compte du parenthésage $2x^2$ est différent de $(2x)^2$ à l'exercice 9
Utilisation inadaptée des parenthèses et qui conduit à un résultat incorrect
◢ Problème de parenthèsage $2a^2=(2a)^2$ à l'exercice 2
Utilisation de règles de transformation fausses identifiées
◢ Mauvaise représentation de la racine carrée à l'exercice 1c
◢ Fausse linéarité $a^n \times a^m = a^{nxm}$ à l'exercice 4a
◢ Erreur identité remarquable $(a+2)^2 = a^2+4$ à l'exercice 4d
◢ Erreur identité remarquable $a^2-b^2=(a-b)^2$ à l'exercice 9a
◢ Erreur de développement $-5(x+2)=-5x+10$ à l'exercice 9b
◢ Règle incorrecte $ax=b$ donne $x=-b/a$ à l'exercice 9c
Identification incorrecte de x et + : Assemblage des termes
◢ Règles fausses $a^n+a^p=a^{n+p}$ avec $4a^3+3a^2=7a^5$ à l'exercice 4b

3- R O - Date du test : 19/11/2005   Stéréotype : **UA3 - T3 - CA3**

 Accès au groupe de l'élève   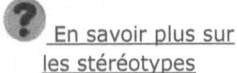 En savoir plus sur les stéréotypes   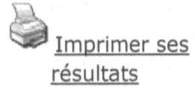 Imprimer ses résultats

L'élève a traité **76 %** des questions proposées. Pour les questions traitées, le taux de réussite est de **51 %**

Taux de réussite par type d'exercice (par rapport aux exercices traités ou non)		
Type d'exercice	Taux de réussite	Commentaires
Exercices de mathématisation	18 %	Exercices mettant en oeuvre la modélisation, la mise en équation, la recherche d'une propriété, la traduction algébrique.
Exercices de reconnaissance	45 %	Exercices mettant en oeuvre la reconnaissance d'une expression algébrique dans une autre représentation (géométrique, ...).
Exercices techniques	33 %	Exercices mettant en oeuvre l'application de procédures algébriques ou numériques.

Traitement (par rapport aux exercices traités ou non)

Type de traitement	Taux de réussite	Commentaires
Effectuer des calculs numériques	38 %	Non maîtrisé
Interpréter des expressions numériques	50 %	Maîtrisé
Interpréter des expressions algébriques	60 %	Maîtrisé
Traduire algébriquement des situations	18%	Non maîtrisé
Manipuler des expressions	38 %.	Non maîtrisé
Interpréter des expressions algébriques en articulation avec d'autres registres d'écriture	22 %.	Non maîtrisé
Utiliser l'outil algébrique pour prouver	67 %.	Maîtrisé

Modes de fonctionnement		
Type de fonctionnement		Nombre de mise en oeuvre
Utilisation des lettres	Utilisation correcte des lettres	5
	Utilisation des lettres pour leur substituer des valeurs numériques	0
	Utilisation des lettres pour faire du calcul algébrique avec des règles fausses	5
	Utilisation des lettres comme étiquettes ou abréviation	0

	Aucune utilisation des lettres	0
Calcul algébrique	Utilisation correcte des règles de transformation	12
	Maîtrise technique fragile	1
	Règles de transformation non maîtrisées, mais identification correcte du rôle des opérateurs + et x	6
	Identification incorrecte du rôle des opérateurs + et x	3
	Mauvaise utilisation du parenthèsage	0
Traduction	Traduction correcte	6
	Traduction correcte non attendue	0
	Traduction incorrecte	6
	Traduction abréviative	2
Type de justification	Pas de justification	7
	Justification par l'algèbre	1
	Justification par l'exemple numérique	0
	Justification de type scolaire	6
Connaissances numériques	Signe égal : Relation d'équivalence	0
	Signe égal : Annonce du résultat	0
	Erreur sur l'ordre des décimaux	0
	Erreur sur l'ordre des négatifs	0

Caractéristiques personnelles

Outil Algébrique

Justification de type scolaire reposant sur l'application de règles incorrectes

⚬Justification inadéquate à l'exercice 4c

Justification de type scolaire en langage naturel

⚬Preuve avec utilisation de propriétés énoncées en langage naturel à l'exercice 2a

⚬Preuve avec utilisation de propriétés énoncées en langage naturel à l'exercice 2b

⚬Preuve avec utilisation de propriétés énoncées en langage naturel à l'exercice 4a

⚬Preuve avec utilisation de propriétés énoncées en langage naturel à l'exercice 4e

Traduction

Traduction incorrecte

⚬Reconnaissance produit - somme à l'exercice 5b

⚬Ecriture du carré du triple incorrecte à l'exercice 11p1a

⚬Ecriture de : retrancher du résultat incorrecte à l'exercice 11p1b

⚬Erreur dans l'écriture de l'inverse faux à l'exercice 11p1c

⚬Solution incorrecte à l'exercice 12

⚬Mauvaise traduction x-2=y-2 ou x+2=y-2 à la place de x-2=y+2 à l'exercice 14

Traduction abréviative

⚬Expression abréviative 3a x ab à l'exercice 3p1

⚬Ecriture pas à pas enchaînée en succession d'opérations à l'exercice 16

Calcul algébrique

Utilisation inadaptée des parenthèses mais qui conduit toutefois à un résultat correct

⚬Non prise en compte du parenthésage $2x^2$ est différent de $(2x)^2$ à l'exercice 9

Utilisation de règles de transformation fausses identifiées

⚬Fausse linéarité $a^n \times a^m = a^{n \times m}$ à l'exercice 1a

⚬Fausse linéarité $a^n \times a^m = a^{n \times m}$ à l'exercice 4a

⚬Erreur de développement $-5(x+2)=-5x+10$ à l'exercice 9b

⚬Règle incorrecte $ax=b$ donne $x=-b/a$ à l'exercice 9c

Identification incorrecte de x et + : Assemblage des termes

Règles fausses $a^n.b^p=(ab)^{n+p}$ et/ou $a^n+a^p=a^{n+p}$ à l'exercice 1a
Mauvais développement $(a+3)(a+b)=3a \times ab$ à l'exercice 3p1
Règles fausses $a^n+a^p=a^{n+p}$ avec $4a^3+3a^2=7a^5$ à l'exercice 4b

ANNEXE 2 : CORRELATION ENTRE LES VALEURS D'ANNOTATION

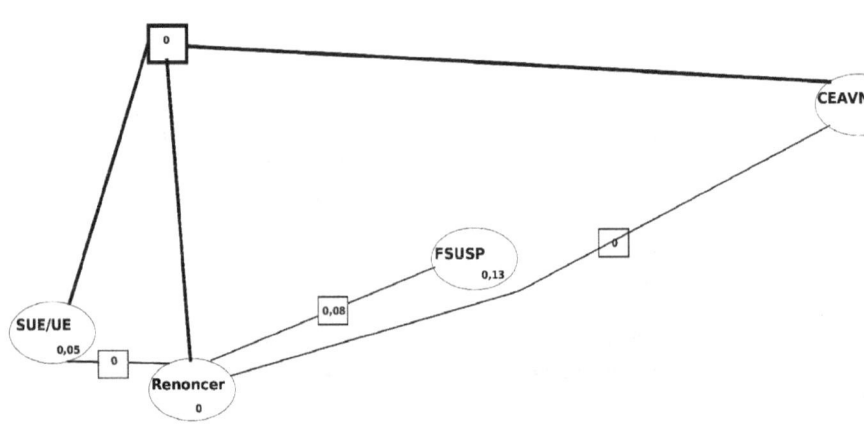

Corrélations de la valeur d'annotation Renoncer

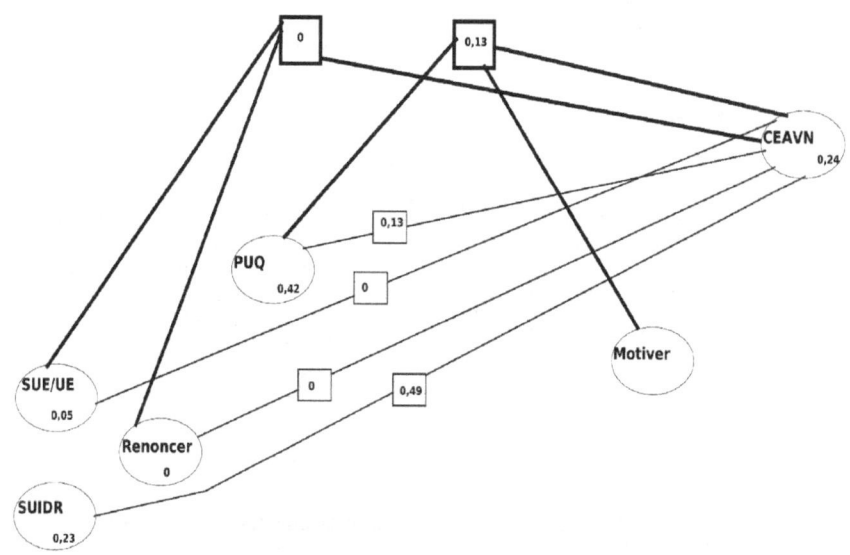

Corrélations de la valeur d'annotation Comportement Emotionnel A Valence Négative (CEAVN)

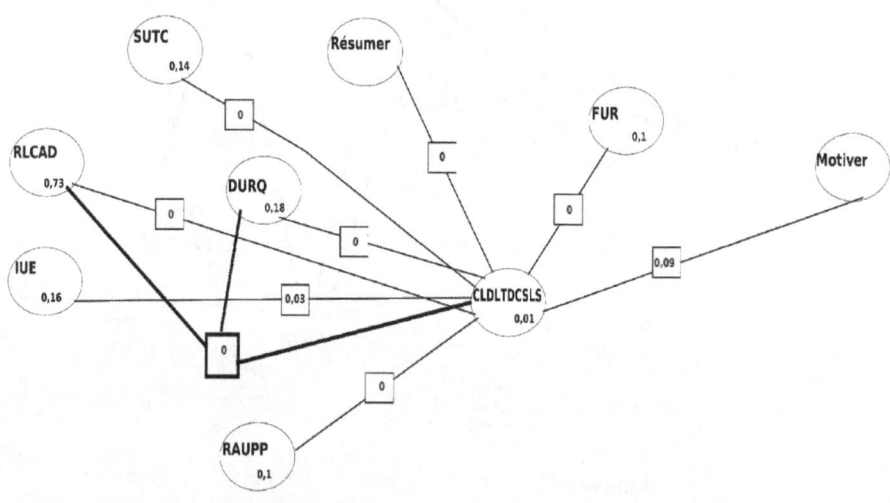

Corrélations de la valeur d'annotation Continuer Le Discours Le Temps De Chercher Sur Le Support (CLDLTDCSLS)

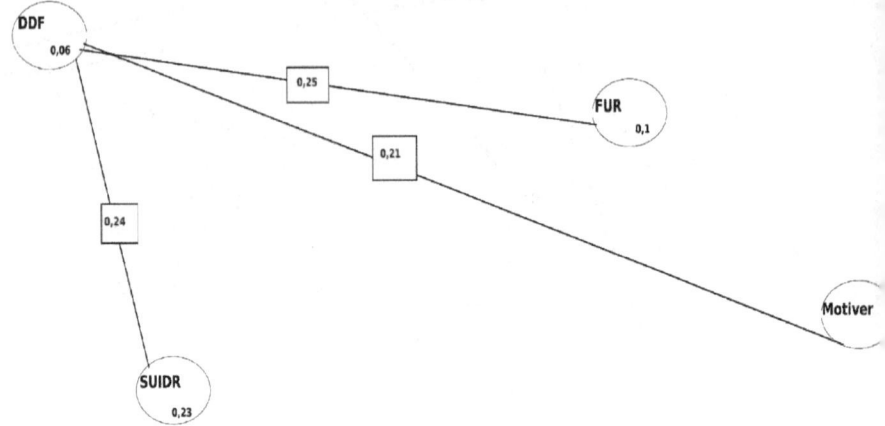

Corrélations de la valeur d'annotation Demander De Faire (DDF)

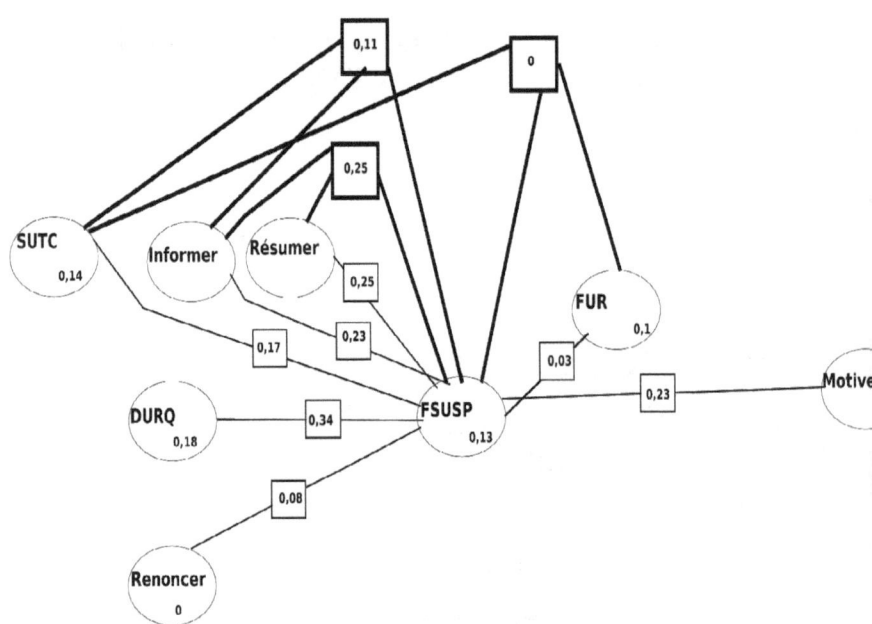

Corrélations de la valeur d'annotation Focalisation Sur Un Support Pédagogique (FSUSP)

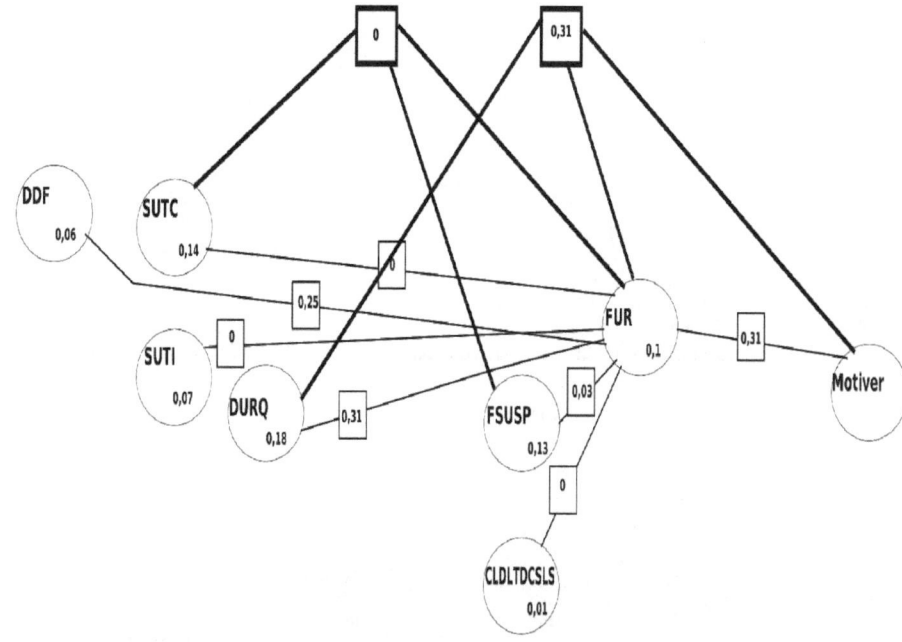

Corrélations de la valeur d'annotation Faire Un Raisonnement (FUR)

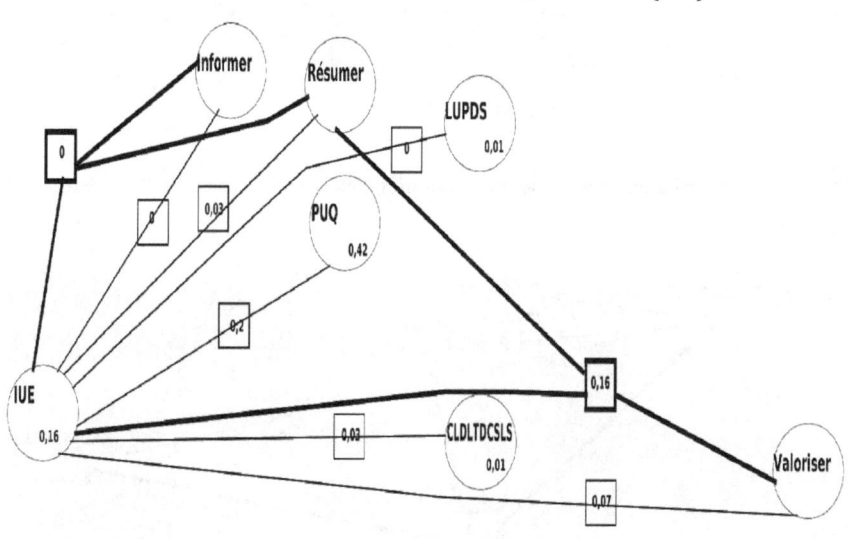

Corrélations de la valeur d'annotation Introduire Une Etape (IUE)

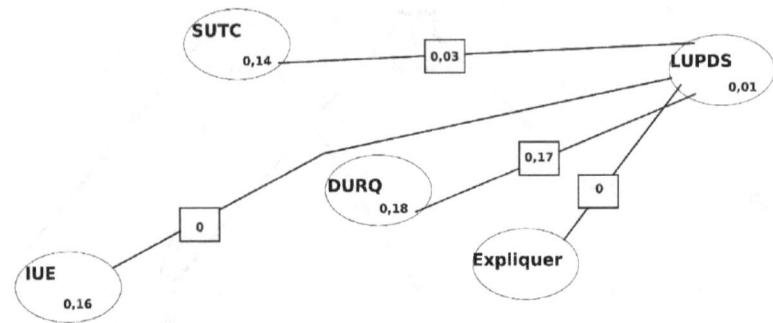

Corrélations de la valeur d'annotation Lire Une Partie Du Support (LUPDS)

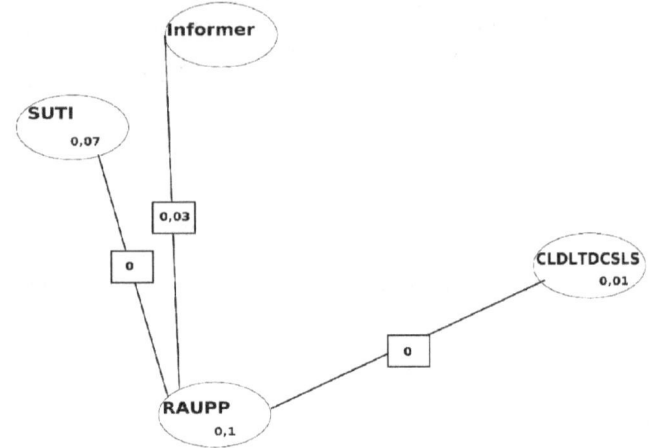

Corrélations de la valeur d'annotation Référence A Une Partie Précédente (RAUPP)

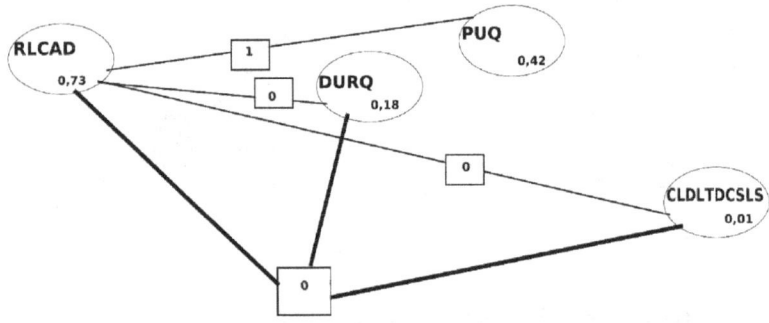

Corrélations de la valeur d'annotation Rétablir La Confiance Après Déstabilisation (RLCAD)

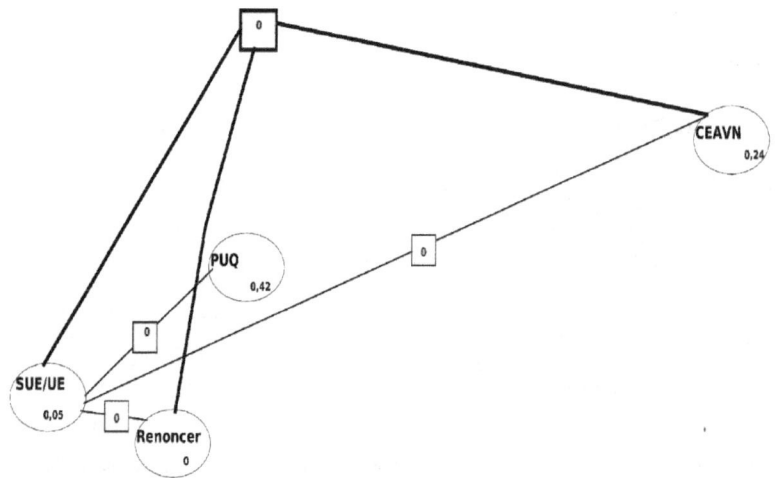

Corrélations de la valeur d'annotation Signaler Une Erreur / Un Echec (SUEUE)

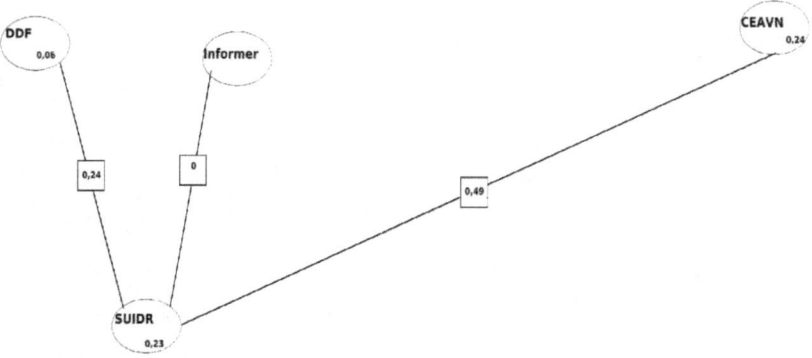

Corrélations de la valeur d'annotation Signaler Une Incomplétude De Réponse

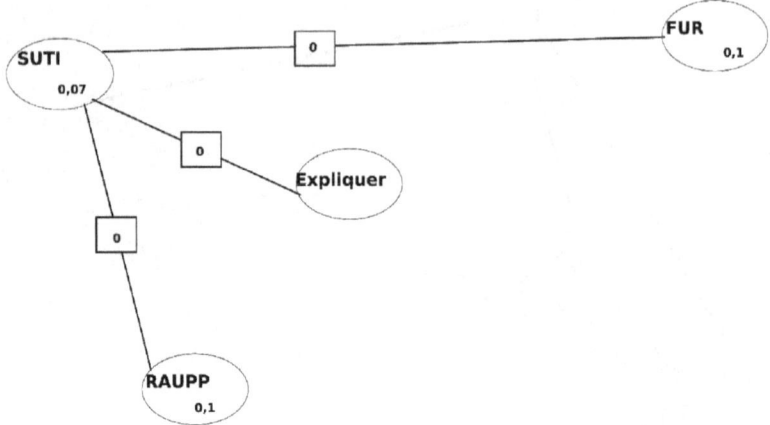

Corrélations de la valeur d'annotation Signaler Un Traitement Incorrect (SUTI)

ANNEXE 3 : SCHEMA DE CODAGE

Intention

Animer

Animer
Demander De Faire (DDF)
Justifier Les Raisons (JLR)
Etablir/Maintenir La Relation De Communication (EMLRDC)
Rétablir La Confiance Après Déstabilisation (RLCAD)
Enrôler L'Apprenant (ELA)
Introduire Une Etape (IUE)
Interrompre Une Etape (IUE1)
Reprendre Une Etape Interrompue (RUEI)
Envisager Une Etape (EUE)
Fixer Un Objectif Général (FUOG)
Fixer Un Objectif Local (FUOL)

Informer

Informer
Informer
Justifier Les Raisons (JLR)
Recommander/Conseiller
Insister
Signaler Un Malentendu (SUM)
Référence A Une Partie Précédente (RAUPP)
Référence A Une Connaissance Didactique (RAUCD)
Référence Aux Présupposés Sur L'Enseignement Reçu (RAPSLER)
Articuler Deux Etapes (ADP)
Renoncer
Donner Un Résultat Quantitatif (DURQ)
Donner Un Résultat Qualitatif (DURQ1)
Informer L'Apprenant De Ses Difficultés (ILADSD)
Présenter Les Points Forts De L'Apprenant (PLPFDLA)
Présenter Les Points Faibles De L'Apprenant (PLFDLA)
Signaler Une Connaissance Non Mobilisée (SUCNM)
Signaler Des Parties Non Traitées Par L'Apprenant (SDPNTPLA)
Signaler Un Point A Travailler (SUPAT)
Signaler Un Levier (SUL)
Signaler L'Utilisation D'Une Connaissance Didactique (SLDUCD)
Informer Sur L'Interface/Utilisation Du Logiciel (ISLIUDL)

Evaluer

Evaluer
Valider
Invalider
Signaler Une Incomplétude De Réponse (SUIDR)
Signaler Une Erreur (SUE)
Signaler Un Traitement Correct (SUTC)
Signaler Un Traitement Incorrect (SUTI)
Signaler Un Traitement Correct D'Une Question Précédemment Non Réussie (SUCDUQPNR)
Signaler Une Incohérence/Contradiction (SUIC)

Moyens

Moyens Linguistiques

Moyens Linguistiques
Poser Une Question (PUQ)
Expliquer
Compléter
Commenter
Résumer
Faire De L'Humour (FDLH)

Autres Moyens

Autres Moyens
Passer Le Crayon A L'Apprenant (PLCALA)
Lire Une Partie D'Un Support (LUPDUS)
Repérer Un Elément Sur Un Support (RUESUS)
Focalisation Sur Un Support Pédagogique (FSUSP)
Continuer Le Discours Le Temps De Chercher Sur Le Support (CLDLTDCSLS)

Stratégies

Stratégies
Inciter A Découvrir Une Erreur (IADUE)
Inciter A Découvrir Une Réponse Correcte (IADURC)
Inciter A Utiliser Une Autre Méthode (IAUUAM)
Déstabiliser Une Conception Erronée (DUCE)
Repérer Une Difficulté De L'Apprenant (RUDDLA)
Corriger Une Erreur (CUE)
Remédier A Une Difficulté (RAUD)
Proposer Un Exercice (PUE)
Faire Un Rappel
Faire Un Pas De Côté (FUPDC)
Vérifier
S'Assurer D'Avoir Compris Ce Que L'Apprenant Voulait Dire (SADACCQLAVD)
Informer D'Un Succès Pour Questionner D'Une Difficulté (IDUSPQDUD)
Découper Une Question Complexe En Sous Questions (DUQCESQ)

Paramètres affectifs

Paramètres affectifs
Atténuer Un Discours (AUD)
Valoriser
Motiver
Rassurer
Encourager
Comportement Emotionnel A Valence Positive (CEAVP)
Comportement Emotionnel A Valence Négative (CEAVN)

Direction du regard

Direction du regard	
Elève	
Supports	Document de travail
	Profil cognitif de l'élève
Ailleurs (dans le vide)	

137

Annexe 4 : Interface de Greta (extrait du manuel de Greta)

The Greta's interface

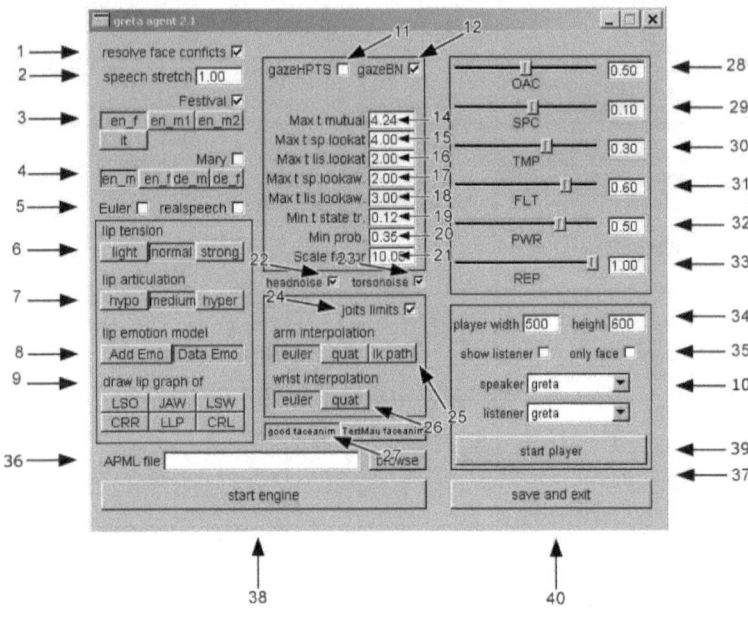

The following table describes all the other parameters of the Greta's interface.

Function	Description
1	Enables/disables the facial conflict resolutions. In the APML input file there can be two nested tags which activate the same part of the face in a different way. For example a performative that raises the eyebrows can include an affective tag that lows them. In these cases the conflict resolver decides which one of the two conflicting actions will be performed. Without the conflict resolver the resulting animation could present unrealistic movements.
2	This value is used by the speech synthesizer (NOTE: at the moment only the Festival synthesizer considers this parameter) to produce a slower/faster speech. A value of 1 is a "normal" value, lower values will produce a faster speech (0.5 is a very fast speech).
3	By checking this box you choose to use Festival as speech synthesizer for Greta. You need that the Festival system is already installed on your machine. NOTE: Greta needs to know where Festival is and so you have to edit the greta.ini file manually and set the parameter FESTIVAL_PATH by putting the path of the executable file of Festival. At the moment this path cannot contain space. The buttons under the checkbox allow to select which Festival voice to use: english female (en_f), english male 1 (en_m1), english male 2 (en_m2), italian (it). Of course you will select as input an APML file written in the corresponding language. If you wish to use a new language defined in Festival, you need to specify the mapping between the phonemes of the new language and the existing visemes in Greta. Please contact us so we can tell you which file to modify. It is not difficult to do. If you want to use another speech synthesizer you can use Mary and Euler (see points 4 and 5). If you need to use a different speech synthesizer please contact us.
4	By checking this box you choose to use Mary as speech synthesizer for Greta. NOTE: Greta will interact with Mary using a TCP/IP socket. You have to edit the greta.ini file manually and set the parameter MARY_ADDRESS by putting the address of the Mary server. The buttons under the checkbox allow to select which Mary voice to use: english female (en_f), english male (en_m), german female (de_f), german male (de_m). Of course you will select as input an APML file written in the corresponding language.
5	With the first checkbox you can choose to use Euler as speech synthesizer for Greta. You need that the Euler system is already installed on your machine. NOTE: Greta needs to know where Euler is and so you have to edit the greta.ini file manually and set the parameter EULER_PATH by putting the path of the installation folder of Euler. This system supports only the French language. With the second checkbox you can choose to use an existing wav file to drive Greta's animation. NOTE: this function is not implemented.
6	Here you can select the lip tension. Lip tension appears when pronouncing bilabial consonants like "m". With higher tension you obtain an higher pressure between the lips.
7	Here you can select the quantity of lip articulation. Lip articulation is the quantity of movement of the lips during the animation. With higher values you obtain that mouth opens more during talking.

Function	Description
8	Here you can choose in which way emotions influence the lip movement. The "add emo" model simply adds the static expression of the emotion (joy, fear, ...) with the pronounced phonemes. The result can be very unrealistic. With the model "data emo" the lip shapes are taken from stored data coming from real movements and the results are much more realistic.
9	By selecting one or more of these buttons you obtain a graph where the movement of the lip in time is represented. The possible paramters are: ULH, LLH, JAW, LW, UP, LC
10	Greta can use several agent models. They are defined as a combination of a head model and a body model. These definitions are stored in some files in the 'runtime\characters' folder. Specify which character you want to use in 'runtime\greta.ini', in the line 'character_speaker='. The value must correspond to one of the files in the 'runtime\characters' folder, for example if there is a file called "girl.xml" you can write 'character_speaker=girl'. You can create new character files that use existing head and body models. For the moment there is only a woman and a man body, and several head models including the original greta's face. If you want to use a new head/body model, you should contact us as some works need to be done. NOTE: for the moment the quality of the animation can be very poor if you don't use the head model called "greta".
11	This checkbox corresponds to a model for the gaze that uses HTPS++ state machines to decide the behavior. This model has been used for some specific applications and you should not be used.
12	This checkbox corresponds to the more appropriate model for the gaze of Greta and is the one that should be used in normal animations.
13	This checkbox is a new gaze model that is going to replace the original model.
14	This number is the maximum consecutive time that the speaker and the listener should look one to each other.
15	This number is the maximum consecutive time that the speaker should look at the listener.
16	This number is the maximum consecutive time that the listener should look at the speaker.
17	This number is the maximum consecutive time that the speaker should look away from the listener.
18	This number is the maximum consecutive time that the listener should look away

Function	Description
	from the speaker.
19	?
20	?
21	?
22	Enables/disables the noise that is added to the head to obtain a more realistic animation.
23	Enables/disables the noise that is added to the torso to obtain a more realistic animation.
24	Enables/disables the limitation of the wrists rotations to avoid unrealistic position to be reached.
25	Here you can choose which type of interpolation has to be used for the shoulders of Greta: euler – the euler angles in the shoulders are interpolated between them quat – the interpolation is made by passing to quaternion representation ik path – the interpolation is made on the path of the arm in the space and then the angles are obtained with inverse kinematics
26	Here you can choose which type of interpolation has to be used for the wrists of Greta: euler – the euler angles in the wrists are interpolated between them quat – the interpolation is made by passing to quaternion representation
27	Here you select how face expressions are generated. With "normal faceanim" you select the original Greta's engine which is recommended. With "2005 faceanim" you select another kind of reasoning which is used in some applications of Greta and should not be used by normal users.
28	OAC – This is an expressivity parameter only for gestures. It influences the quantity of gestures produced by Greta from the same APML file.
29	SPC – This is an expressivity parameter only for gestures. It changes the quantity of space used by Greta to produce gestures.
30	TMP – This is an expressivity parameter only for gestures. It changes the speed of gestures, negativa values correspond to slow gestures.
31	FLT – This is an expressivity parameter only for gestures. It changes the fluidity of gestures, negative values corrispond to jerky animation, positive to fluid animation.
32	PWR – This is an expressivity parameter only for gestures. It changes the energy in gestures. Low values will also produce beat gestures with an open hand shape. High values will produce beat gestures with fist hand shape.
33	REP – This is an expressivity parameter only for gestures. It influences the repetition of gestures. For example in the APML consecutive emphasis in the same performative will produce only one gesture on the first emphasis if REP is low or a beat on each emphasis if REP is high.
34	These are the initial dimensions of the Greta player.
35	The checkbox "preload agent" loads the Greta agent as the player starts. It is useful to maintain it always selected. The checkbox "only face" loads and shows only the head of Greta. In this way the execution (frame rate) of the player is faster.

Function	Description
36	Here is where you specify the APML file to be used as input for Greta.
37	With this checkbox you can visualize two faces in the player. When you load the fap file one face will load the speaker file and the other face will load the listener file.
38	With this button you start the animation generation only. That is the APML file is read and the fap and bap files are generated.
39	With this button you start the player. No calculation is performed. The player window appears and at this point you can use the player or the interface of Greta at any time.
40	With this button you quit Greta and all the settings in the interface are stored in the greta.ini file.

ANNEXE 5 : DTD D'APML, DTD D'APML ETENDU ET DEFINITION DES VALEURS D'ANNOTATION EN FONCTION DES ACTIONS BAS NIVEAU

5.1 DTD APML

```
<!ELEMENT apml (turnallocation?, performative+, turnallocation?)>

<!ATTLIST apml xml:lang CDATA "en">

<!ELEMENT turnallocation (performative)>
<!ATTLIST turnallocation type (take|give) #REQUIRED>

<!ELEMENT performative (theme|rheme)+>
<!ATTLIST performative
type (implore|order|suggest|propose|warn|approve|praise|recognize|disagree|
agree|criticize|accept|advice|confirm|incite|refuse|question|ask|inform|request|
announce|beg|greet|paraphrase|none) #REQUIRED
          activation CDATA "1"
          >

<!ELEMENT theme (#PCDATA|emphasis|boundary|backchannel)*>
<!ATTLIST theme affect
(anger|disgust|joy|distress|fear|sadness|surprise|embarrassment|happy-for|gloating|
resentment|relief|jealousy|envy|sorry-for|hope|satisfaction|fear-
confirmed|disappointment|
pride|shame|reproach|liking|disliking|gratitude|gratification|remorse|love|hate|worried)
#IMPLIED
          belief-relation
(gen-spec|cause-effect|solutionhood|suggestion|modifier|justification|contrast) #IMPLIED
          certainty
(certain|uncertain|certainly_not|doubt) #IMPLIED
          meta-cognitive
(planning|thinking|remembering) #IMPLIED
          activation CDATA "1"
          intensity CDATA "1"
          >

<!ELEMENT rheme (#PCDATA|emphasis|boundary|backchannel)*>
<!ATTLIST rheme affect
(anger|disgust|joy|distress|fear|sadness|surprise|embarrassment|happy-for|gloating|
resentment|relief|jealousy|envy|sorry-for|hope|satisfaction|fear-
confirmed|disappointment|
pride|shame|reproach|liking|disliking|gratitude|gratification|remorse|love|hate)
#IMPLIED
          belief-relation
(gen-spec|cause-effect|solutionhood|suggestion|modifier|justification|contrast) #IMPLIED
          certainty
(certain|uncertain|certainly_not) #IMPLIED
          meta-cognitive
(planning|thinking|remembering) #IMPLIED
          activation CDATA "1"
          intensity CDATA "1"
          >

<!ELEMENT emphasis (#PCDATA)>
<!ATTLIST emphasis type (theme|rheme) #IMPLIED
```

```
                level (strong|medium|weak) "medium"
                x-pitchaccent (Hstar|Lstar|LplusHstar|LstarplusH|HstarplusL|HplusLstar) "Hstar"
                deictic CDATA #IMPLIED
                adjectival (small|subtle|tiny|difficult|big|long|large|great) #IMPLIED
                            activation CDATA "1"
            >

<!ELEMENT boundary EMPTY>
<!ATTLIST boundary type (L|H|LL|HH|LH|HL) "LL">


<!ELEMENT backchannel EMPTY>
<!ATTLIST backchannel attitude
(belief|disbelief|agreement|disagreement|acceptance|refuse|deny|confirm|
anger|disgust|joy|distress|fear|sadness|surprise|embarrassment|happy-
for|gloating|resentment|relief|
jealousy|envy|sorry-
for|hope|satisfaction|disappointment|pride|shame|reproach|liking|disliking|
gratitude|gratification|remorse|love|hate) #IMPLIED
        >

<!ELEMENT pause EMPTY>
<!ATTLIST pause sec CDATA #REQUIRED>
```

5.2 DTD APML Etendu

```
<!ELEMENT apml (turnallocation?, performative+, turnallocation?)>

<!--<!ATTLIST apml xml:lang CDATA "en">-->

<!ELEMENT turnallocation (performative)>
<!ATTLIST turnallocation type (take|give) #REQUIRED>

<!ELEMENT performative (theme|rheme)+>
<!ATTLIST performative
type
(implore|order|suggest|propose|warn|approve|praise|recognize|disagree|
agree|criticize|accept|advice|confirm|incite|refuse|question|ask|inform|r
equest|
announce|beg|greet|paraphrase|none) #REQUIRED
            activation CDATA "1"
            >

<!ELEMENT theme (#PCDATA|emphasis|boundary|backchannel)*>
<!ATTLIST theme Intention


(DDF|RLCAD|IUE|SUTC|SUTI|SUE_UE|SUIDR|InformerFaible|InformerFort|DURQ|Re
noncer|RAUPP) #IMPLIED

affect
(anger|disgust|joy|distress|fear|sadness|surprise|embarrassment|happy-
for|gloating|
resentment|relief|jealousy|envy|sorry-for|hope|satisfaction|fear-
confirmed|disappointment|
pride|shame|reproach|liking|disliking|gratitude|gratification|remorse|lov
e|hate) #IMPLIED
                belief-relation
(gen-spec|cause-
effect|solutionhood|suggestion|modifier|justification|contrast) #IMPLIED
                certainty
(certain|uncertain|certainly_not|doubt) #IMPLIED
                meta-cognitive
(planning|thinking|remembering) #IMPLIED

Moyen
(ResumerFaible|ResumerFort|PUQ|ExpliquerFaible|ExpliquerFort|CompleterFai
ble|CompleterFort|LUPDS|FSUSP|CLDLTDCSLS) #IMPLIED

Strategie (FUR) #IMPLIED

ParametreAffectif
(CEAVN|MotiverFaible|MotiverFort|ValoriserFaible|ValoriserFort) #IMPLIED

Intersection (Renoncer-SUE_UE|Renoncer-CEAVN|Renoncer-FSUSP|Renoncer-
SUE_UE-CEAVN|CEAVN-PUQ|CEAVN-SUE_UE|CEAVN-SUIDR|CEAVN-PUQ-Motiver|
CLDLTDCSLS-Motiver|CLDLTDCSLS-FUR|CLDLTDCSLS-Resumer|CLDLTDCSLS-
SUTC|CLDLTDCSLS-DURQ|CLDLTDCSLS-RLCAD|CLDLTDCSLS-IUE|CLDLTDCSLS-RAUPP|
CLDLTDCSLS-DURQ-RLCAD|DDF-FUR|DDF-Motiver|DDF-SUIDR|FSUSP-Motiver|FSUSP-
FUR|FSUSP-Resumer|FSUSP-Informer|FSUSP-SUTC|FSUSP-DURQ|
FSUSP-FUR-SUTC|FSUSP-Resumer-Informer|FSUSP-Resumer-Informer|FUR-
Motiver|FUR-SUTC|FUR-SUTI|FUR-DURQ|FUR-Motiver-DURQ|IUE-Valoriser|
IUE-PUQ|IUE-LUPDS|IUE-Resumer|IUE-Informer|IUE-Valoriser-Resumer|IUE-
Resumer-Informer|LUPDS-SUTC|LUPDS-DURQ|LUPDS-Expliquer|RAUPP-Informer|
```

```
RUPP-SUTI|RLCAD-DURQ|RLCAD-PUQ|SUE_UE-PUQ|SUIDR-Informer|SUTI-
Expliquer|SUTC-Informer|SUTC-Valoriser|DURQ-Completer|DURQ-Valoriser|
DURQ-Motiver|DURQ-Resumer|DURQ-Informer|PUQ-Expliquer|PUQ-IAEUC|PUQ-
Motiver) #IMPLIED
            >
<!ELEMENT rheme (#PCDATA|emphasis|boundary|backchannel)*>
<!ATTLIST rheme affect
(anger|disgust|joy|distress|fear|sadness|surprise|embarrassment|happy-
for|gloating|
resentment|relief|jealousy|envy|sorry-for|hope|satisfaction|fear-
confirmed|disappointment|
pride|shame|reproach|liking|disliking|gratitude|gratification|remorse|lo⌐
e|hate) #IMPLIED
                belief-relation
(gen-spec|cause-
effect|solutionhood|suggestion|modifier|justification|contrast) #IMPLIED
                certainty
(certain|uncertain|certainly_not) #IMPLIED
                meta-cognitive
(planning|thinking|remembering) #IMPLIED

Intention
(DDF|RLCAD|IUE|SUTC|SUTI|SUE_UE|SUIDR|InformerFaible|InformerFort|DURQ|R⌐
noncer|RAUPP) #IMPLIED

Moyen
(ResumerFaible|ResumerFort|PUQ|ExpliquerFaible|ExpliquerFort|CompleterFa⌐
ble|CompleterFort|LUPDS|FSUSP|CLDLTDCSLS) #IMPLIED

 Strategie (FUR)  #IMPLIED

ParametreAffectif
(CEAVN|MotiverFaible|MotiverFort|ValoriserFaible|ValoriserFort) #IMPLIED

Intersection Renoncer-SUE_UE|Renoncer-CEAVN|Renoncer-FSUSP|Renoncer-
SUE_UE-CEAVN|CEAVN-PUQ|CEAVN-SUE_UE|CEAVN-SUIDR|CEAVN-PUQ-Motiver|
CLDLTDCSLS-Motiver|CLDLTDCSLS-FUR|CLDLTDCSLS-Resumer|CLDLTDCSLS-
SUTC|CLDLTDCSLS-DURQ|CLDLTDCSLS-RLCAD|CLDLTDCSLS-IUE|CLDLTDCSLS-RAUPP|
CLDLTDCSLS-DURQ-RLCAD|DDF-FUR|DDF-Motiver|DDF-SUIDR|FSUSP-Motiver|FSUSP-
FUR|FSUSP-Resumer|FSUSP-Informer|FSUSP-SUTC|FSUSP-DURQ|
FSUSP-FUR-SUTC|FSUSP-Resumer-Informer|FSUSP-Resumer-Informer|FUR-
Motiver|FUR-SUTC|FUR-SUTI|FUR-DURQ|FUR-Motiver-DURQ|IUE-Valoriser|
IUE-PUQ|IUE-LUPDS|IUE-Resumer|IUE-Informer|IUE-Valoriser-Resumer|IUE-
Resumer-Informer|LUPDS-SUTC|LUPDS-DURQ|LUPDS-Expliquer|RAUPP-Informer|
RUPP-SUTI|RLCAD-DURQ|RLCAD-PUQ|SUE_UE-PUQ|SUIDR-Informer|SUTI-
Expliquer|SUTC-Informer|SUTC-Valoriser|DURQ-Completer|DURQ-Valoriser|
DURQ-Motiver|DURQ-Resumer|DURQ-Informer|PUQ-Expliquer|PUQ-IAEUC|PUQ-
Motiver) #IMPLIED
            >

<!ELEMENT emphasis (#PCDATA)>
<!ATTLIST emphasis type (theme|rheme) #IMPLIED
                level (strong|medium|weak) "medium"
                x-pitchaccent
(Hstar|Lstar|LplusHstar|LstarplusH|HstarplusL|HplusLstar) "Hstar"
                deictic CDATA #IMPLIED
                adjectival
(small|subtle|tiny|difficult|big|long|large|great) #IMPLIED
```

```
                       activation CDATA "1"
        >

<!ELEMENT boundary EMPTY>
<!ATTLIST boundary type (L|H|LL|HH|LH|HL) "LL">


<!ELEMENT backchannel EMPTY>
<!ATTLIST backchannel attitude
(belief|disbelief|agreement|disagreement|acceptance|refuse|deny|confirm|
anger|disgust|joy|distress|fear|sadness|surprise|embarrassment|happy-
for|gloating|resentment|relief|
jealousy|envy|sorry-
for|hope|satisfaction|disappointment|pride|shame|reproach|liking|dislikin
g|
gratitude|gratification|remorse|love|hate) #IMPLIED
        >

<!ELEMENT pause EMPTY>
<!ATTLIST pause sec CDATA #REQUIRED>
```

5.3 DEFINITION DES VALEURS D'ANNOTATION EN FONCTION D'ACTIONS BAS NIVEAU

```xml
<expression class="Intention" instance="DDF">
        <probability value="0.06">
                <action name="look_at" multiplied="0.5"/>
        </probability>
        <probability value="0.94">
                <action name="look_left" multiplied="0.5"/>
        </probability>
</expression>
<expression class="Intention" instance="RLCAD">
        <probability value="0.73">
                <action name="look_at" multiplied="0.5"/>
        </probability>
        <probability value="0.27">
                <action name="look_left" multiplied="0.5"/>
        </probability>
</expression>
<expression class="Intention" instance="IUE">
        <probability value="0.16">
                <action name="look_at" multiplied="0.5"/>
        </probability>
        <probability value="0.84">
                <action name="look_left" multiplied="0.5"/>
        </probability>
</expression>
<expression class="Intention" instance="SUTC">
        <probability value="0.14">
                <action name="look_at" multiplied="0.5"/>
        </probability>
        <probability value="0.86">
                <action name="look_left" multiplied="0.5"/>
        </probability>
</expression>
<expression class="Intention" instance="SUTI">
        <probability value="0.07">
                <action name="look_at" multiplied="0.5"/>
        </probability>
        <probability value="0.93">
                <action name="look_left" multiplied="0.5"/>
        </probability>
</expression>
<expression class="Intention" instance="SUE_UE">
        <probability value="0.05">
                <action name="look_at" multiplied="0.5"/>
        </probability>
        <probability value="0.95">
                <action name="look_left" multiplied="0.5"/>
        </probability>
</expression>
<expression class="Intention" instance="SUIDR">
        <probability value="0.23">
                <action name="look_at" multiplied="0.5"/>
```

```xml
        </probability>
        <probability value="0.77">
                <action name="look_left" multiplied="0.5"/>
        </probability>
</expression>
<expression class="Intention" instance="InformerFaible">
        <probability value="0.33">
                <action name="look_at" multiplied="0.5"/>
        </probability>
        <probability value="0.67">
                <action name="look_left" multiplied="0.5"/>
        </probability>
</expression>
<expression class="Intention" instance="InformerFort">
        <probability value="0.67">
                <action name="look_at" multiplied="0.5"/>
        </probability>
        <probability value="0.33">
                <action name="look_left" multiplied="0.5"/>
        </probability>
</expression>
<expression class="Intention" instance="DURQ">
        <probability value="0.18">
                <action name="look_at" multiplied="0.5"/>
        </probability>
        <probability value="0.82">
                <action name="look_left" multiplied="0.5"/>
        </probability>
</expression>
<expression class="Intention" instance="Renoncer">
        <probability value="0">
                <action name="look_at" multiplied="0.5"/>
        </probability>
        <probability value="1">
                <action name="look_left" multiplied="0.5"/>
        </probability>
</expression>
<expression class="Intention" instance="RAUPP">
        <probability value="0.01">
                <action name="look_at" multiplied="0.5"/>
        </probability>
        <probability value="0.99">
                <action name="look_left" multiplied="0.5"/>
        </probability>
</expression>
<expression class="Moyen" instance="ResumerFaible">
        <probability value="0.46">
                <action name="look_at" multiplied="0.5"/>
        </probability>
        <probability value="0.54">
                <action name="look_left" multiplied="0.5"/>
```

```xml
        </probability>
    </expression>
    <expression class="Moyen" instance="ResumerFort">
        <probability value="0.13">
            <action name="look_at" multiplied="0.5"/>
        </probability>
        <probability value="0.87">
            <action name="look_left" multiplied="0.5"/>
        </probability>
    </expression>
    <expression class="Moyen" instance="PUQ">
        <probability value="0.42">
            <action name="look_at" multiplied="0.5"/>
        </probability>
        <probability value="0.58">
            <action name="look_left" multiplied="0.5"/>
        </probability>
    </expression>
    <expression class="Moyen" instance="ExpliquerFaible">
        <probability value="0.48">
            <action name="look_at" multiplied="0.5"/>
        </probability>
        <probability value="0.52">
            <action name="look_left" multiplied="0.5"/>
        </probability>
    </expression>
    <expression class="Moyen" instance="ExpliquerFort">
        <probability value="0.6">
            <action name="look_at" multiplied="0.5"/>
        </probability>
        <probability value="0.4">
            <action name="look_left" multiplied="0.5"/>
        </probability>
    </expression>
    <expression class="Moyen" instance="CompleterFaible">
        <probability value="0.39">
            <action name="look_at" multiplied="0.5"/>
        </probability>
        <probability value="0.61">
            <action name="look_left" multiplied="0.5"/>
        </probability>
    </expression>
    <expression class="Moyen" instance="CompleterFort">
        <probability value="0.51">
            <action name="look_at" multiplied="0.5"/>
        </probability>
        <probability value="0.49">
            <action name="look_left" multiplied="0.5"/>
        </probability>
    </expression>
    <expression class="Moyen" instance="LUPDS">
```

150

```
            <probability value="0.01">
                    <action name="look_at" multiplied="0.5"/>
            </probability>
            <probability value="0.99">
                    <action name="look_left" multiplied="0.5"/>
            </probability>
    </expression>
    <expression class="Moyen" instance="FSUSP">
            <probability value="0.13">
                    <action name="look_at" multiplied="0.5"/>
            </probability>
            <probability value="0.87">
                    <action name="look_left" multiplied="0.5"/>
            </probability>
    </expression>
    <expression class="Moyen" instance="CLDLTDCSLS">
            <probability value="0.01">
                    <action name="look_at" multiplied="0.5"/>
            </probability>
            <probability value="0.99">
                    <action name="look_left" multiplied="0.5"/>
            </probability>
    </expression>
    <expression class="Strategie" instance="FUR">
            <probability value="0.1">
                    <action name="look_at" multiplied="0.5"/>
            </probability>
            <probability value="0.9">
                    <action name="look_left" multiplied="0.5"/>
            </probability>
    </expression>
    <expression class="ParametreAffectif" instance="CEAVN">
            <probability value="0.24">
                    <action name="look_at" multiplied="0.5"/>
            </probability>
            <probability value="0.76">
                    <action name="look_left" multiplied="0.5"/>
            </probability>
    </expression>
    <expression class="ParametreAffectif" instance="MotiverFaible">
            <probability value="0.59">
                    <action name="look_at" multiplied="0.5"/>
            </probability>
            <probability value="0.41">
                    <action name="look_left" multiplied="0.5"/>
            </probability>
    </expression>
    <expression class="ParametreAffectif" instance="MotiverFort">
            <probability value="0.42">
                    <action name="look_at" multiplied="0.5"/>
            </probability>
```

```xml
            <probability value="0.58">
                <action name="look_left" multiplied="0.5"/>
            </probability>
    </expression>
    <expression class="ParametreAffectif" instance="ValoriserFaible">
            <probability value="0.3">
                <action name="look_at" multiplied="0.5"/>
            </probability>
            <probability value="0.7">
                <action name="look_left" multiplied="0.5"/>
            </probability>
    </expression>
    <expression class="ParametreAffectif" instance="ValoriserFort">
            <probability value="0.49">
                <action name="look_at" multiplied="0.5"/>
            </probability>
            <probability value="0.51">
                <action name="look_left" multiplied="0.5"/>
            </probability>
    </expression>
    <expression class="Intersection" instance="Renoncer-SUE_UE">
            <probability value="0">
                <action name="look_at" multiplied="0.5"/>
            </probability>
            <probability value="1">
                <action name="look_left" multiplied="0.5"/>
            </probability>
    </expression>
    <expression class="Intersection" instance="Renoncer-CEMAVN">
            <probability value="0">
                <action name="look_at" multiplied="0.5"/>
            </probability>
            <probability value="1">
                <action name="look_left" multiplied="0.5"/>
            </probability>
    </expression>
    <expression class="Intersection" instance="Renoncer-FSUSP">
            <probability value="0.08">
                <action name="look_at" multiplied="0.5"/>
            </probability>
            <probability value="0.92">
                <action name="look_left" multiplied="0.5"/>
            </probability>
    </expression>
    <expression class="Intersection" instance="Renoncer-SUE_UE-CEAVN">
            <probability value="0">
                <action name="look_at" multiplied="0.5"/>
            </probability>
            <probability value="1">
                <action name="look_left" multiplied="0.5"/>
            </probability>
```

```xml
        </expression>
        <expression class="Intersection" instance="CEAVN-PUQ">
            <probability value="0.13">
                <action name="look_at" multiplied="0.5"/>
            </probability>
            <probability value="0.87">
                <action name="look_left" multiplied="0.5"/>
            </probability>
        </expression>
        <expression class="Intersection" instance="CEAVN-SUE_UE">
            <probability value="0">
                <action name="look_at" multiplied="0.5"/>
            </probability>
            <probability value="1">
                <action name="look_left" multiplied="0.5"/>
            </probability>
        </expression>
        <expression class="Intersection" instance="CEAVN-SUIDR">
            <probability value="0.49">
                <action name="look_at" multiplied="0.5"/>
            </probability>
            <probability value="0.51">
                <action name="look_left" multiplied="0.5"/>
            </probability>
        </expression>
        <expression class="Intersection" instance="CEAVN-PUQ-Motiver">
            <probability value="0.13">
                <action name="look_at" multiplied="0.5"/>
            </probability>
            <probability value="0.87">
                <action name="look_left" multiplied="0.5"/>
            </probability>
        </expression>
        <expression class="Intersection" instance="CLDLTDCSLS-Motiver">
            <probability value="0.09">
                <action name="look_at" multiplied="0.5"/>
            </probability>
            <probability value="0.91">
                <action name="look_left" multiplied="0.5"/>
            </probability>
        </expression>
        <expression class="Intersection" instance="CLDLTDCSLS-FUR">
            <probability value="0">
                <action name="look_at" multiplied="0.5"/>
            </probability>
            <probability value="1">
                <action name="look_left" multiplied="0.5"/>
            </probability>
        </expression>
        <expression class="Intersection" instance="CLDLTDCSLS-Resumer">
            <probability value="0">
```

```xml
                <action name="look_at" multiplied="0.5"/>
        </probability>
        <probability value="1">
                <action name="look_left" multiplied="0.5"/>
        </probability>
</expression>
<expression class="Intersection" instance="CLDLTDCSLS-SUTC">
        <probability value="0">
                <action name="look_at" multiplied="0.5"/>
        </probability>
        <probability value="1">
                <action name="look_left" multiplied="0.5"/>
        </probability>
</expression>
<expression class="Intersection" instance="CLDLTDCSLS-DURQ">
        <probability value="0">
                <action name="look_at" multiplied="0.5"/>
        </probability>
        <probability value="1">
                <action name="look_left" multiplied="0.5"/>
        </probability>
</expression>
<expression class="Intersection" instance="CLDLTDCSLS-RLCAD">
        <probability value="0">
                <action name="look_at" multiplied="0.5"/>
        </probability>
        <probability value="1">
                <action name="look_left" multiplied="0.5"/>
        </probability>
</expression>
<expression class="Intersection" instance="CLDLTDCSLS-IUE">
        <probability value="0.03">
                <action name="look_at" multiplied="0.5"/>
        </probability>
        <probability value="0.97">
                <action name="look_left" multiplied="0.5"/>
        </probability>
</expression>
<expression class="Intersection" instance="CLDLTDCSLS-RAUPP">
        <probability value="0">
                <action name="look_at" multiplied="0.5"/>
        </probability>
        <probability value="0">
                <action name="look_left" multiplied="0.5"/>
        </probability>
</expression>
<expression class="Intersection" instance="CLDLTDCSLS-DURQ-RLCAD">
        <probability value="0">
                <action name="look_at" multiplied="0.5"/>
        </probability>
        <probability value="1">
```

```xml
            <action name="look_left" multiplied="0.5"/>
        </probability>
    </expression>
    <expression class="Intersection" instance="DDF-FUR">
        <probability value="0.25">
            <action name="look_at" multiplied="0.5"/>
        </probability>
        <probability value="0.75">
            <action name="look_left" multiplied="0.5"/>
        </probability>
    </expression>
    <expression class="Intersection" instance="DDF-Motiver">
        <probability value="0.21">
            <action name="look_at" multiplied="0.5"/>
        </probability>
        <probability value="0.79">
            <action name="look_left" multiplied="0.5"/>
        </probability>
    </expression>
    <expression class="Intersection" instance="DDF-SUIDR">
        <probability value="0.24">
            <action name="look_at" multiplied="0.5"/>
        </probability>
        <probability value="0.76">
            <action name="look_left" multiplied="0.5"/>
        </probability>
    </expression>
    <expression class="Intersection" instance="FSUSP-Motiver">
        <probability value="0.23">
            <action name="look_at" multiplied="0.5"/>
        </probability>
        <probability value="0.77">
            <action name="look_left" multiplied="0.5"/>
        </probability>
    </expression>
    <expression class="Intersection" instance="FSUSP-FUR">
        <probability value="0.03">
            <action name="look_at" multiplied="0.5"/>
        </probability>
        <probability value="0.97">
            <action name="look_left" multiplied="0.5"/>
        </probability>
    </expression>
    <expression class="Intersection" instance="FSUSP-Resumer">
        <probability value="0.25">
            <action name="look_at" multiplied="0.5"/>
        </probability>
        <probability value="0.75">
            <action name="look_left" multiplied="0.5"/>
        </probability>
    </expression>
```

```xml
<expression class="Intersection" instance="FSUSP-Informer">
        <probability value="0.23">
                <action name="look_at" multiplied="0.5"/>
        </probability>
        <probability value="0.77">
                <action name="look_left" multiplied="0.5"/>
        </probability>
</expression>
<expression class="Intersection" instance="FSUSP-SUTC">
        <probability value="0.17">
                <action name="look_at" multiplied="0.5"/>
        </probability>
        <probability value="0.83">
                <action name="look_left" multiplied="0.5"/>
        </probability>
</expression>
<expression class="Intersection" instance="FSUSP-DURQ">
        <probability value="0.34">
                <action name="look_at" multiplied="0.5"/>
        </probability>
        <probability value="0.66">
                <action name="look_left" multiplied="0.5"/>
        </probability>
</expression>
<expression class="Intersection" instance="FSUSP-FUR-SUTC">
        <probability value="0">
                <action name="look_at" multiplied="0.5"/>
        </probability>
        <probability value="1">
                <action name="look_left" multiplied="0.5"/>
        </probability>
</expression>
<expression class="Intersection" instance="FSUSP-Resumer-Informer">
        <probability value="0.25">
                <action name="look_at" multiplied="0.5"/>
        </probability>
        <probability value="0.75">
                <action name="look_left" multiplied="0.5"/>
        </probability>
</expression>
<expression class="Intersection" instance="FSUSP-Resumer-Informer">
        <probability value="0.11">
                <action name="look_at" multiplied="0.5"/>
        </probability>
        <probability value="0.89">
                <action name="look_left" multiplied="0.5"/>
        </probability>
</expression>
<expression class="Intersection" instance="FUR-Motiver">
        <probability value="0.31">
                <action name="look_at" multiplied="0.5"/>
```

```xml
            </probability>
            <probability value="0.69">
                    <action name="look_left" multiplied="0.5"/>
            </probability>
    </expression>
    <expression class="Intersection" instance="FUR-SUTC">
            <probability value="0">
                    <action name="look_at" multiplied="0.5"/>
            </probability>
            <probability value="1">
                    <action name="look_left" multiplied="0.5"/>
            </probability>
    </expression>
    <expression class="Intersection" instance="FUR-SUTI">
            <probability value="0">
                    <action name="look_at" multiplied="0.5"/>
            </probability>
            <probability value="1">
                    <action name="look_left" multiplied="0.5"/>
            </probability>
    </expression>
    <expression class="Intersection" instance="FUR-DURQ">
            <probability value="0.31">
                    <action name="look_at" multiplied="0.5"/>
            </probability>
            <probability value="0.69">
                    <action name="look_left" multiplied="0.5"/>
            </probability>
    </expression>
    <expression class="Intersection" instance="FUR-Motiver-DURQ">
            <probability value="0.31">
                    <action name="look_at" multiplied="0.5"/>
            </probability>
            <probability value="0.69">
                    <action name="look_left" multiplied="0.5"/>
            </probability>
    </expression>
    <expression class="Intersection" instance="IUE-Valoriser">
            <probability value="0.07">
                    <action name="look_at" multiplied="0.5"/>
            </probability>
            <probability value="0.93">
                    <action name="look_left" multiplied="0.5"/>
            </probability>
    </expression>
    <expression class="Intersection" instance="IUE-PUQ">
            <probability value="0.2">
                    <action name="look_at" multiplied="0.5"/>
            </probability>
            <probability value="0.8">
                    <action name="look_left" multiplied="0.5"/>
```

```xml
            </probability>
        </expression>
        <expression class="Intersection" instance="IUE-LUPDS">
            <probability value="0">
                <action name="look_at" multiplied="0.5"/>
            </probability>
            <probability value="1">
                <action name="look_left" multiplied="0.5"/>
            </probability>
        </expression>
        <expression class="Intersection" instance="IUE-Resumer">
            <probability value="0.03">
                <action name="look_at" multiplied="0.5"/>
            </probability>
            <probability value="0.97">
                <action name="look_left" multiplied="0.5"/>
            </probability>
        </expression>
        <expression class="Intersection" instance="IUE-Informer">
            <probability value="0">
                <action name="look_at" multiplied="0.5"/>
            </probability>
            <probability value="1">
                <action name="look_left" multiplied="0.5"/>
            </probability>
        </expression>
        <expression class="Intersection" instance="IUE-Valoriser-Resumer">
            <probability value="0.16">
                <action name="look_at" multiplied="0.5"/>
            </probability>
            <probability value="0.84">
                <action name="look_left" multiplied="0.5"/>
            </probability>
        </expression>
        <expression class="Intersection" instance="IUE-Resumer-Informer">
            <probability value="0">
                <action name="look_at" multiplied="0.5"/>
            </probability>
            <probability value="1">
                <action name="look_left" multiplied="0.5"/>
            </probability>
        </expression>
        <expression class="Intersection" instance="LUPDS-SUTC">
            <probability value="0.03">
                <action name="look_at" multiplied="0.5"/>
            </probability>
            <probability value="0.97">
                <action name="look_left" multiplied="0.5"/>
            </probability>
        </expression>
        <expression class="Intersection" instance="LUPDS-DURQ">
```

```xml
            <probability value="0.17">
                <action name="look_at" multiplied="0.5"/>
            </probability>
            <probability value="0.83">
                <action name="look_left" multiplied="0.5"/>
            </probability>
</expression>
<expression class="Intersection" instance="LUPDS-Expliquer">
            <probability value="0">
                <action name="look_at" multiplied="0.5"/>
            </probability>
            <probability value="1">
                <action name="look_left" multiplied="0.5"/>
            </probability>
</expression>
<expression class="Intersection" instance="RAUPP-Informer">
            <probability value="0.03">
                <action name="look_at" multiplied="0.5"/>
            </probability>
            <probability value="0.97">
                <action name="look_left" multiplied="0.5"/>
            </probability>
</expression>
<expression class="Intersection" instance="RUPP-SUTI">
            <probability value="0">
                <action name="look_at" multiplied="0.5"/>
            </probability>
            <probability value="1">
                <action name="look_left" multiplied="0.5"/>
            </probability>
</expression>
<expression class="Intersection" instance="RLCAD-DURQ">
            <probability value="0">
                <action name="look_at" multiplied="0.5"/>
            </probability>
            <probability value="1">
                <action name="look_left" multiplied="0.5"/>
            </probability>
</expression>
<expression class="Intersection" instance="RLCAD-PUQ">
            <probability value="1">
                <action name="look_at" multiplied="0.5"/>
            </probability>
            <probability value="0">
                <action name="look_left" multiplied="0.5"/>
            </probability>
</expression>
<expression class="Intersection" instance="SUE_UE-PUQ">
            <probability value="0">
                <action name="look_at" multiplied="0.5"/>
            </probability>
```

```xml
		<probability value="1">
			<action name="look_left" multiplied="0.5"/>
		</probability>
	</expression>
	<expression class="Intersection" instance="SUIDR-Informer">
		<probability value="0">
			<action name="look_at" multiplied="0.5"/>
		</probability>
		<probability value="1">
			<action name="look_left" multiplied="0.5"/>
		</probability>
	</expression>
	<expression class="Intersection" instance="SUTI-Expliquer">
		<probability value="0">
			<action name="look_at" multiplied="0.5"/>
		</probability>
		<probability value="1">
			<action name="look_left" multiplied="0.5"/>
		</probability>
	</expression>
	<expression class="Intersection" instance="SUTC-Informer">
		<probability value="0.13">
			<action name="look_at" multiplied="0.5"/>
		</probability>
		<probability value="0.87">
			<action name="look_left" multiplied="0.5"/>
		</probability>
	</expression>
	<expression class="Intersection" instance="SUTC-Valoriser">
		<probability value="0">
			<action name="look_at" multiplied="0.5"/>
		</probability>
		<probability value="1">
			<action name="look_left" multiplied="0.5"/>
		</probability>
	</expression>
	<expression class="Intersection" instance="DURQ-Completer">
		<probability value="0">
			<action name="look_at" multiplied="0.5"/>
		</probability>
		<probability value="1">
			<action name="look_left" multiplied="0.5"/>
		</probability>
	</expression>
	<expression class="Intersection" instance="DURQ-Valoriser">
		<probability value="0.23">
			<action name="look_at" multiplied="0.5"/>
		</probability>
		<probability value="0.77">
			<action name="look_left" multiplied="0.5"/>
		</probability>
```

```xml
    </expression>
    <expression class="Intersection" instance="DURQ-Motiver">
        <probability value="0.31">
            <action name="look_at" multiplied="0.5"/>
        </probability>
        <probability value="0.69">
            <action name="look_left" multiplied="0.5"/>
        </probability>
    </expression>
    <expression class="Intersection" instance="DURQ-Resumer">
        <probability value="0.44">
            <action name="look_at" multiplied="0.5"/>
        </probability>
        <probability value="0.56">
            <action name="look_left" multiplied="0.5"/>
        </probability>
    </expression>
    <expression class="Intersection" instance="DURQ-Informer">
        <probability value="0.46">
            <action name="look_at" multiplied="0.5"/>
        </probability>
        <probability value="0.54">
            <action name="look_left" multiplied="0.5"/>
        </probability>
    </expression>
    <expression class="Intersection" instance="PUQ-Expliquer">
        <probability value="0.34">
            <action name="look_at" multiplied="0.5"/>
        </probability>
        <probability value="0.66">
            <action name="look_left" multiplied="0.5"/>
        </probability>
    </expression>
    <expression class="Intersection" instance="PUQ-IAEUC">
        <probability value="0.83">
            <action name="look_at" multiplied="0.5"/>
        </probability>
        <probability value="0.17">
            <action name="look_left" multiplied="0.5"/>
        </probability>
    </expression>
    <expression class="Intersection" instance="PUQ-Motiver">
        <probability value="0.13">
            <action name="look_at" multiplied="0.5"/>
        </probability>
        <probability value="0.87">
            <action name="look_left" multiplied="0.5"/>
        </probability>
    </expression>
```

Zeitfracht Medien GmbH
Ferdinand-Jühlke-Straße 7
99095 Erfurt, Deutschland
produktsicherheit@kolibri360.de

Druck:
CPI Druckdienstleistungen GmbH
im Auftrag der
Zeitfracht Medien GmbH
Ein Unternehmen der Zeitfracht - Gruppe
Ferdinand-Jühlke-Str. 7
99095 Erfurt